**Dr. Werner Schäfer**

# Brot backen

**Otto Maier Verlag**
**Ravensburg**

Originalausgabe
© 1980 Otto Maier Verlag Ravensburg
Alle Rechte vorbehalten
Umschlagfoto: Franz Lazi
Gesamtherstellung: Appl, Wemding
Printed in Germany

85  84  83      9  8  7  6

3–473–43 048–X

# Inhalt

# Anstelle eines Vorworts

## Der guten Dinge bestes ist das Brot

### Liebeserklärung an das Brot

Brot habe ich schon als Kind geliebt. Zu Hause gab es Brot an jedem Tag und in vielen Sorten und Formen. Auch selbstgebackenes war noch dabei. Ich erinnere mich gut, mit welch selbstverständlicher Souveränität Großmutter – sie war über achtzig und fast blind – mit dem großen, scharfen Brotmesser, das wir Kinder nicht einmal in die Hand nehmen durften, Scheibe für Scheibe von den Siebenpfündern herunterschnitt: in gleicher Stärke, ohne Stocken und Holpern, ohne Ecken und Kanten. Ich habe die Liebe zum Brot nie verloren. Brot hat mich begleitet die Schulzeit hindurch. Im Krieg war es köstlich, nach dem Kriege wurde es unentbehrlich. Heute ziehe ich Brot jeder anderen Beilage vor, und ich werde böse, wenn man mir schlechtes, lieblos gebackenes Brot vorsetzt.

Mit Brot verbinden sich für mich Fülle, Geborgenheit, Gesundheit; Brot ist Heimat, Mutter, Leben. Ich liebe seinen Duft, seine Frische, das rösche Schnalzen eines frischen Brötchens wie den kräftigen Biß von gutem Roggenbrot. Ich wäre ohne Brot nicht das, was ich bin.

### Der Autor an den Leser:

Die schwierigste Aufgabe beim Abfassen eines Buches ist das Weglassen. Und wer über Brotbacken schreiben will, sollte sich zwar präzise dazu äußern, wie man Brot *macht*, darüber aber nicht vergessen, daß man Brot in erster Linie *ißt*. Die Technik, so seine Meinung, ist Mittel zum Zweck. Ihre Details sind so weit nötig, wie sie materiell oder auch psychologisch mit dem späteren Verzehr zu tun haben. Man kann das um so unbesorgter, als es eine ganze Anzahl gut gemachter Schriften mit genauen und ausreichenden Informationen gibt. Immerhin bleibt die Frage nach der wissenschaftlichen und technischen Zuverlässigkeit. Nun, nicht alles, was locker geschrieben ist, muß falsch sein, und die Benutzung des nur den Eingeweihten verständlichen Fach-Chinesisch ist längst keine Gewähr für sachliche Korrektheit.

Einen Ehrgeiz haben diese Schrift – und ihr Autor – allerdings. Das, was gesagt wird, ist nach bester – objektiver – Kenntnis richtig. Wie manches gesagt wird, ist die – subjektive – Sache des Schreibenden. Und dessen zugegebene Liebe zum Brot hat hoffentlich die kritische Distanz zu den Fakten nicht zugeschüttet.

# Zur Einführung

## Brot und Freizeit

Der Grundgedanke dieses Büchleins vom Brotbacken hat sich während der Diskussionen zwischen Verlag und Autor aus drei Gesichtspunkten entwickelt.

Das Buch ist einmal Teil einer Reihe, die sich an aktive Menschen wendet, an Menschen zumal, denen ihre Aktivität zu schade ist, sie mit bloßem Do-it-yourself-Aktionismus zu verschleißen, sondern die sie benutzen wollen, ihren Lebenskreis, ihr materielles und ihr geistiges Umfeld intensiver kennenzulernen, »durchzublicken« durch die permanente Fülle einer Flut ungeordneter Informationen.

Die Reihe selbst beschäftigt sich auch mit Lebensmitteln. Lebensmittel nehmen im Leben jedes Menschen einen bevorzugten, unentbehrlichen Platz ein und das Wissen um ein paar Grund-Nahrungsmittel – in dieser Reihe: Wein, Bier, Käse, und nun auch Brot – sollte eigentlich zur »Standardausstattung« jeder, auch der einfachsten Schulbildung zählen. Daß das nicht so ist, wird jedem, der sich mit solchen Fragen beschäftigt, täglich bedrückend offenbar.

Und schließlich wendet sich die Reihe an alle die Menschen, die mit ihrer freien Zeit etwas Sinnvolles anfangen wollen. Zur vernünftigen Gestaltung freier Zeit gehört natürlich nicht nur das manuelle Tun (hier: Brotbacken). Gewiß, gerade das Selberbacken von Brot kann einen hohen Grad der Selbstbestätigung bewirken, und da das Erfolgserlebnis bei einiger Übung auch durchaus im erreichbaren Rahmen liegt, hat die Befriedigung, etwas »Selbstgemachtes« vorführen und genießen zu können, einen hohen existentiellen Rang. Aber wer gibt sich schon damit zufrieden, bloß etwas gemacht zu haben, ohne zu wissen, in welchem gedanklichen, intellektuellen und emotionellen Rahmen sich das Gemachte bewegt? Kein Nachdenklicher – und die Zeiten sind weiß Gott danach, uns alle wieder etwas nachdenklicher zu machen – wird sich mit dem bloßen Do-it-yourself begnügen. Dem Do-it-yourself steht das Know-it-yourself gegenüber: die Einsicht in den Sinn, in die Vorbedingungen, den Umkreis, die Konsequenzen und die Ziele dessen, was man tut.

Brot sei kein Thema für solche »philosophischen« Betrachtungen, meinen Sie? Nun, lesen Sie dieses Buch. Es beantwortet, vor dem Hintergrund der geschilderten Situation, zwei schlichte Fragen:

Was ist Brot?
Wie bäckt man Brot?

Und wer soll das Büchlein lesen? Welche »Zielgruppe« – um werbedeutsch zu fragen – ist angesprochen? Angesprochen sind sicher alle Leute, die sich auch in ihrer freien Zeit mit ihrer Gesundheit beschäftigen – solche, die gesund sind und es bleiben wollen und auch diejenigen, die sich »nur ein bißchen krank« fühlen. Denn Brot ist eine kerngesunde Sache.

Nun lächeln Sie nicht gleich, geschätzter Zeitgenosse, mokieren Sie sich nicht darüber, daß jetzt offensichtlich der »Gesundheitsrummel«, die »Schlankmacherei«, das »Geschäft mit der Gesundheit« auch unser gutes, altes Brot erreicht und verschlungen habe. Denken Sie bitte auch nicht an die manchen Büchlein, Broschüren, Schriften und Traktätchen, die Sie zum Thema Brot schon gelesen haben mögen, glauben Sie insbesondere nicht, den Autoren könne zum Thema Brot ja nun wirklich nichts mehr einfallen. Brot ist geradezu ein Produzent neuer Einfälle, eine stete Quelle guter Gedanken, ein Ursprung vernünftiger Überlegungen.

Dazu sehen wir uns zunächst ein paar Fakten an und verständigen uns darüber, wovon die Rede ist.

Brot ist die Fülle der über 200 Brotsorten, die es in Deutschland gibt und um die uns – offen oder versteckt – die anderen schlichtweg beneiden. Felix Germania. Vom Toastbrot zum Pumpernickel, vom Brötchen zum Zwieback, von der Kaisersemmel zum Vollkornbrot reicht die Spannweite eines Sortiments, das auf der Welt nicht seinesgleichen hat. Es ist ein Grundnahrungsmittel wie kaum ein anderes: lieblich und kräftig, mild und würzig, weich und knusprig, für den Morgen, für den Mittag, für den Abend – und für die bunte Fülle von Zwischenmahlzeiten, zu denen uns moderne Ärzte, die ihre Ernährungslehre gelernt haben, so gern hinführen möchten.

Eines ist Brot gewiß nicht: ein Diätetikum im medizinischen Sinne. Jede Diät ist ja bewußter Verzicht auf Teile der natürlichen, gesunden Mischkost; Mischkost jedoch ist für den Menschen unserer Zeit und unserer Brei-

ten die allein gemäße Nahrungsform. Brot ist schon deshalb kein Diätmittel, weil es so gar nicht einseitig ist, weil es die breite Basis für eine gesunde, ausgewogene Ernährung bildet. Eine Scheibe Butterbrot und ein Ei liegen sehr nahe an der im Ernährungsbericht 1976 geforderten (abgerundeten) Relation von pflanzlichem Eiweiß zu tierischem Eiweiß zu Fett zu Kohlenhydraten von $1:1:2:10$. Aber mit diesen Details wollen wir uns später noch eingehend beschäftigen.

Halten wir lieber noch einmal fest: unsere Zeit ist – auch – eine Zeit des Diät-Rummels, der unbewiesenen und unbeweisbaren Verlockungen, mit einer vorsätzlich einseitigen Ernährung – sprich Diät – gesund zu werden. Gesund wird dabei meist nur derjenige, der die extremen Diätformen anbietet und verkauft. Natürlich braucht der Kranke die ihm angemessene Diät. Eine – begrenzte – Diät (immer wieder im Sinne der vorsätzlich einseitigen Ernährung) sollte die Frau einhalten, die ein Kind erwartet, auch der Übergewichtige. Der in allen Ernährungsstatistiken zitierte »Holzfäller im Gebirge« dagegen – also der Prototyp des gesunden Schwerstarbeiters – braucht eigentlich keine »Diät«, sondern er braucht die seiner grundsätzlichen Situation angepaßte kalorienreiche, eiweißreiche Ernährung.

Wer das begriffen hat, der wird niemals den propagandistisch zweifellos geschickt und psychologisch gezielt aufgebauten Extrem-Diäten aufsitzen: Punktediät, Managerdiät, Nulldiät, Fettdiät und wie sie sich alle nennen. Der Mensch braucht in der Tat die ganze Fülle der Natur zum Leben. Deshalb braucht der Mensch Brot.

Brot ist viel zu gut, um es als bloßes Diätmittel zu verschwenden: Brot schmeckt immer, Brot schmeckt allen. Und noch eine andere Betrachtung gehört an den Anfang unserer Beschäftigung mit Brot. Wäre Brot nur ein simpler Treibstoff für das Vehikel Mensch, es wäre leicht, seine Vorzüge und seine Grenzen nüchtern, kühl, sachlich, in der Form einer Umsatzbilanz, zu Papier zu bringen. Aber – der Mensch hat Verzehr-*Gewohnheiten*, er ißt – Erinnerung an seine ersten Wochen – gern mit anderen gemeinsam, er freut sich am Essen, und er will sich ganz und gar nicht damit zufrieden geben, bloß allein für seine Gesundheit zu essen. Wir essen nun einmal nicht nur mit Hilfe unserer dafür vorgesehenen Werkzeuge (Zähne) und Vorrichtungen (Verdauungstrakt), wir essen auch mit dem Herzen, der Seele, dem Gemüt; unsere Eitelkeit spielt mit (»was ich alles vertragen kann«), unsere Angst (»bloß nicht dicker werden«), unser Traum (»das hat mir als Kind schon geschmeckt«). Gelegentlich – manchmal – ißt der Mensch auch mit Verstand. Brot enthält alle Nährstoffe, wichtige Mineralstoffe und einige bedeutungsvolle Vitamine. Der Nährwert des

---

**Tabelle 1: Nährstoffzusammensetzung verschiedener Brote**

|  | Feuchtigkeitsgehalt % | Proteingehalt % | Fettgehalt % | Kohlenhydratgehalt % | Ballaststoffgehalt % |
|---|---|---|---|---|---|
| Weizen(mehl)brot | 36,2 | 8,9 | 1,8 | 51,6 | 1 |
| Weizenschrotbrot | 43,4 | 7,8 | 1,2 | 44,9 | 4 |
| Roggen(mehl)brot | 42,2 | 5,2 | 0,9 | 47,8 | 4 |
| Roggenschrotbrot | 43,8 | 6,8 | 1,2 | 45,5 | 6 |

---

**Tabelle 2: Wichtige Mineralstoffe in 100 g Brot (mg)**

|  | Natrium | Kalium | Calcium | Phosphor | Eisen |
|---|---|---|---|---|---|
| Weißbrot | 385 | 132 | 58 | 89 | 0,95 |
| Brötchen | 553 | 110 | 27 | 102 | 1,2 |
| Weizenmischbrot | – | – | 17 | 111 | 1,7 |
| Roggenmischbrot | – | – | 23 | 183 | 2,4 |
| Roggenbrot | 552 | 169 | 29 | 140 | 2,5 |
| Grahambrot | 370 | 209 | – | – | 1,6 |
| Knäckebrot | 463 | 436 | 55 | – | 4,7 |

**Tabelle 3: B-Vitamine in 100 g Brot (mg)**

|               | B 1   | B 2   | Niacin | B 6   |
|---------------|-------|-------|--------|-------|
| Weißbrot      | 0,086 | 0,060 | 0,85   | 0,14  |
| Brötchen      | 0,098 | 0,034 | 1,1    | 0,13  |
| Weizenmischbrot | 0,14 | 0,073 | 1,2    | 0,094 |
| Roggenmischbrot | 0,17 | 0,079 | 0,96   | 0,12  |
| Roggenbrot    | 0,18  | 0,11  | 0,92   | 0,22  |
| Grahambrot    | 0,21  | 0,11  | 2,5    | 0,20  |
| Knäckebrot    | 0,20  | 0,18  | 1,10   | 0,30  |

Brotes wird uns das ganze Buch hindurch begleiten. Dabei sind wir jedoch in einer etwas heiklen Situation.

Es gibt zwar eine umfangreiche, intelligente, ideenreiche Literatur über unser Gebiet. Forscher und Versuchspersonen haben sich im Schweiße ihres Angesichts bemüht (wörtlich zu nehmen: machen Sie einmal einseitige Ernährungs-Versuche und belasten dabei den Organismus bis zur Erschöpfung, um zu erfahren, wie Ihr Stoffwechsel darauf reagiert!), wirklichkeitsnahe Daten zu gewinnen.

Doch die Ergebnisse sind bis heute samt und sonders nicht sehr befriedigend. Der Mensch ist ein miserables Versuchstier.

Das Experimentieren mit der berühmten Taufliege Drosophila oder mit Ratten und Meerschweinchen ist im Vergleich mit ihm sehr viel einfacher: erstens sind die Tierchen nicht so wählerisch mit ihrem Fressen, sondern einfach hungrig, zweitens kann man sie auch leichter in Käfigen halten und drittens nehmen wir uns auch mit der Generationenfolge sehr viel mehr Zeit. Das, was wir wissen, ist also zwangsläufig unvollkommen. Einzel-

daten können von Individuum zu Individuum stark differieren. Dennoch ist vieles statistisch brauchbar gesichert, auch wenn nirgendwo der alte Satz so berechtigt scheint wie hier: Das Wissen von heute ist der Irrtum von morgen.

Wir werden uns später noch eingehender mit den positiven Aspekten einer ausgewogenen Ernährung beschäftigen. Eine Warnung vor einseitigen Diätformen dürfte indessen hier schon angebracht sein. Als ein Beispiel für mehrere kann der intellektuell beschämende zeitweilige Erfolg der Atkins-Diät gelten (das Buch stand monatelang in der Spitzengruppe der Bestseller-Listen!). Heute sind sich unsere Ernährungsforscher darüber einig wie selten: Der Verzicht auf ausreichende Mengen Kohlenhydrate schädigt Galle, Nieren und Harnwege, begünstigt Rheuma, Gicht und Arthritis, lähmt die Darmperistaltik und führt zu wenig Mineralstoffe zu; das Infarktrisiko wird erhöht. Glaube niemand, Nulldiät, Manager-Diät oder gar die berüchtigte »Leben-ohne-Brot«-Diät seien weniger gefährlich. Auch wenn sie vorübergehende Gewichtsreduktionen bringen – gesundheitlich sind sie allemal bedenklich; verantwortungsbewußte Ärzte lehnen sie deshalb schlichtweg ab.

Alkohol war und ist kein Diätetikum, auch wenn die Nulldiät uns das vor Jahren weis machen wollte. Alkohol ist auf der anderen Seite auch nicht der Volksschädling, zu dem ihn die Heilsarmee macht. Die Wissenschaft hält heute 2,5 l Bier oder – nicht und, verehrter Zecher – 1 l Wein oder 0,25 l Spirituosen für den voll ernährten Erwachsenen für tolerabel – seine Leber kann rund 170 g Äthylalkohol am Tag verarbeiten. Bei Reduktionsdiäten jeder Form verringern sich zwangsläufig die Grenzwerte, und jeder, der sich einer entsprechenden Kur unterzieht, sollte sich vom Arzt genaue Anweisungen geben lassen, was für ihn noch gerade zuträglich ist; zumal die Alkohol-Kalorien in der Bilanz genau so zählen wie die der echten Nährstoffe. Und wenn Sie schon (Alkohol) trinken, dann sorgen Sie dafür, daß genügend B-Vitamine zur Verfügung stehen. Zum Beispiel (Tabelle 3!) durch Brot.

# Um Mark und Pfennig – Zahlen ums Brot

Nüchterne Zahlen gehören zum Verständnis jeglicher Sachverhalte und Zusammenhänge. Aber nüchterne Zahlen brauchen überhaupt nicht »trocken« und schon gar nicht langweilig zu sein. Oder haben Sie gewußt, daß wir – Bundesbürger für Bundesbürger, vom Säugling bis zur ältesten Seniorin – jedes Jahr rund 70 kg Brot und Brötchen zu uns nehmen, an die 200 g an jedem Tag? Und daß der statistische Durchschnitts-Deutsche des statistischen Vier-Personen-Haushalts von seinen monatlichen Ausgaben (1978) von DM 2150,31 auf Nahrungs- und Genußmittel DM 452,94 verwendet, für Brot und Backwaren aber nur ein gutes Zehntel davon, nämlich DM 53,96 ausgibt?

Obgleich Brot und Backwaren (Ernährungsbericht 1980) bei uns

    57% der Kohlenhydrate
    19% des Eiweißes
    27% des Eisens
    19% des Vitamins B 1
    36% der Ballaststoffe

und obgleich Getreideprodukte in aller Welt

    59% des Eiweißes
    72% des Kohlenhydrate
    13% des Fetts (!)
    38% des Vitamins B 1
    61% der erforderlichen Energie

bereitstellen?

Bleiben wir also noch eine kurze Zeit bei den Zahlen.

1979 sind auf der Welt 421 Millionen t Weizen geerntet worden. Im einzelnen sind daran beteiligt:

**Tabelle 4: Welt-Weizenernte 1979**

Europäische Gemeinschaft: 45,5 Millionen t

| | |
|---|---|
| Belgien/Luxemburg | 1,0 |
| Bundesrepublik Deutschland | 8,0 |
| Dänemark | 0,6 |
| Frankreich | 19,0 |
| Großbritannien | 7,0 |
| Irland | 0,2 |
| Italien | 8,9 |
| Niederlande | 0,8 |
| USA | 58,3 |
| Kanada | 17,7 |
| UdSSR | 90,1 |
| China | 56,0 |

Dank ihrer großen Überschüsse exportieren die USA und Kanada Millionen Tonnen Weizen in die Sowjetunion und nach China, und die Menge des Weizens, die jedes Jahr weltweit gehandelt wird, liegt bei etwas über 70 Mio t (Tabelle 5).

In der Bundesrepublik hat der Anbau von Brotgetreide in den letzten 10 Jahren einen für Europa fast beispiellosen Aufschwung genommen (Tabelle 6).

**Tabelle 5: Ausfuhr und Einfuhr von Weizen 1977/78 (Mio t)**

| Ausfuhr | | Einfuhr | |
|---|---|---|---|
| Bundesrepublik | 1,8 | EG | 12,5 |
| Frankreich | 8,1 | Übriges Westeuropa | 2,0 |
| Belgien/Luxemburg | 0,4 | UdSSR, Osteuropa | 9,9 |
| Niederlande | 1,0 | Nahost | 6,3 |
| Italien | 0,4 | Indien | 2,9 |
| EG | 12,2 | Japan | 5,7 |
| | | Afrika | 11,7 |
| | | Mittel- u. Südamerika | 9,6 |
| USA | 31,5 | | |
| Kanada | 15,9 | | |
| Australien | 11,1 | | |
| Argentinien | 2,7 | | |

**Tabelle 6: Brotgetreideernte in der Bundesrepublik**

| | | Anbau-fläche 1000 ha | Ertrag* dt/ha | Menge 1000 t |
|---|---|---|---|---|
| **1970** | Weizen | 1493 | 37,9 | 5,662 |
| | Roggen | 865 | 30,8 | 2,665 |
| **1976** | Weizen | 1,632 | 41,1 | 6,702 |
| | Roggen | 664 | 31,7 | 2,100 |
| **1979** | Weizen | 1,609 | 49,5 | 7,971 |
| | Roggen | 581 | 37,6 | 2,187 |

* In den fünfziger Jahren lagen die Weizenerträge bei 30 dt/ha, die Roggenerträge bei 22 dt/ha.

Die deutschen Mühlen haben im Wirtschaftsjahr 1979/80 5,74 Mio t Brotgetreide vermahlen und daraus 850000 t Roggenmehl und 3500000 t Weizenmehl (einschl. Grieß und Dunst) hergestellt. Beteiligt daran waren rund 2400 Unternehmen. 38 Großbetriebe halten etwa $^3/_5$ der Gesamtvermahlung; 78% aller Mühlen verarbeiten weniger als 500 t Brotgetreide im Jahr und stellen dabei lediglich 3% der gesamten Mehlmenge her. Die Industrie dominiert.

Nahezu umgekehrt ist es im Backgewerbe. Wir hatten 1979 203 Betriebe der Brotindustrie mit über 22000 Beschäftigten, aber 32000 handwerkliche Bäckereien mit etwa 200000 Mitarbeitern. Anfang der fünfziger Jahre waren es noch ca. 400 Industrie- und 50000 Handwerks-Betriebe gewesen. In der Brotindustrie wurden 1978 2,6 Milliarden DM umgesetzt (was einem Verbraucherpreis von etwa DM 4 Milliarden entspricht), im Handwerk an die 15,5 Milliarden DM. Das Handwerk hat sich gut gehalten – dank weitreichender maschineller Mechanisierung und einer überlegten Sortiments-Politik bei frischen Back-

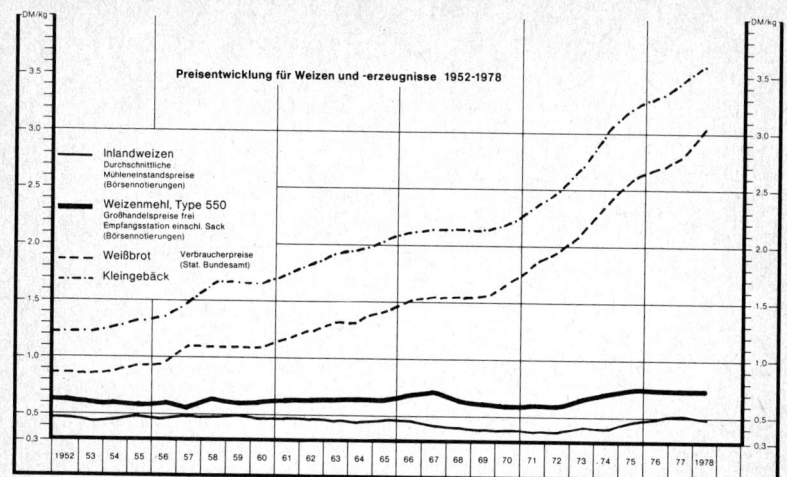

Preisentwicklung für Weizen und -erzeugnisse 1952-1978

Inlandweizen
Durchschnittliche
Mühleneinstandspreise
(Börsennotierungen)

Weizenmehl, Type 550
Großhandelspreise frei
Empfangsstation einschl. Sack
(Börsennotierungen)

Weißbrot    Verbraucherpreise
(Stat. Bundesamt)

Kleingebäck

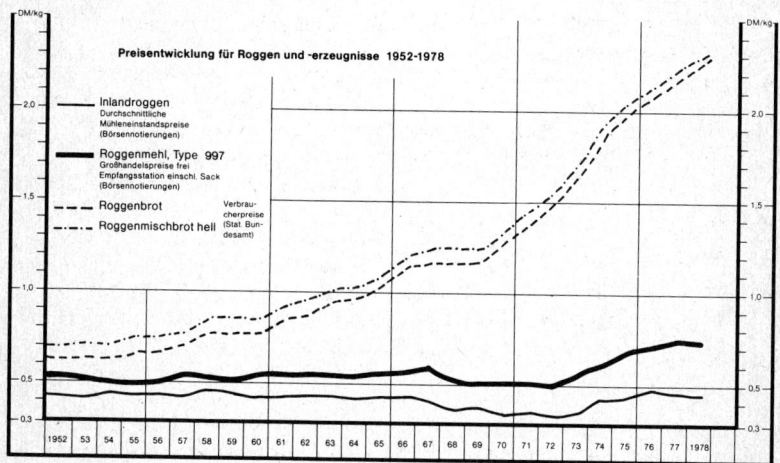

Preisentwicklung für Roggen und -erzeugnisse 1952-1978

Inlandroggen
Durchschnittliche
Mühleneinstandspreise
(Börsennotierungen)

Roggenmehl, Type 997
Großhandelspreise frei
Empfangsstation einschl. Sack
(Börsennotierungen)

Roggenbrot    Verbrau-
cherpreise
(Stat. Bun-
Roggenmischbrot hell    desamt)

waren. Die Industrie hat einen großen Teil des Brot-Marktes sicher im Griff: in den Ballungsgebieten 50% und mehr, in Berlin um die 80%.
Die Preisentwicklung schließlich hat einen Verlauf genommen, wie ihn die Abbildungen oben wiedergeben.

Zu den Ursachen des Auseinanderscherens der Preise für Mehl und für Brot gehört sicher auch der weltweit gesunkene Verzehr an Brot und Backwaren. Die präzisesten Zahlen dafür verdeutlicht Tabelle 7 auf der nächsten Seite.

**15**

**Tabelle 7: Verbrauch an Mehl (kg/Kopf/Jahr)**

|     | 1955  | 1977 |
|-----|-------|------|
| B   | 86,5  | 63,7 |
| D   | 88,4  | 58,6 |
| DK  | 79,6  | 60,8 |
| F   | 90,2  | 66,0 |
| GB  | 82,8  | 65,3 |
| I   | 93,0  | 76,0 |
| IR  | 120,6 | 77,4 |
| L   | 79,0  | 49,6 |
| NL  | 78,7  | 59,4 |
| A   |       | 67,0 |
| CH  | 69,5  | 52,6 |
| USA | 57,7  | 50,2 |

Gottlob gibt es recht positive Hinweise darauf, daß der Rückgang des Brotverzehrs gestoppt werden konnte. Der Verbraucher beginnt, sich wieder für das Brot zu interessieren ...

Die Marktordnungen der Europäischen Gemeinschaft sind eine beliebte Zielscheibe vermeintlich liberaler Kritik am perfektionierten europäischen Bürokratismus. Daß sie vielfach ein durchaus stabilisierendes Element für den Ablauf wirtschaftlicher Entwicklungen darstellen, zeigen die Kurven der Preisentwicklung bei Getreide, Mehl und Brot.

Das war nicht immer so. Es gibt zahlreiche historische Zeugnisse dafür, wie stark in Notzeiten die Preise für das Getreide und damit für das Brot in die Höhe gingen. Mißernten waren früher viel häufiger als heute; Wucherer taten ein übriges, um die Bevölkerung ganzer Landstriche in äußerste Not zu treiben. Ein schlimmes Jahr war 1817. In der Laupheimer Chronik lesen wir von Preissteigerungen zwischen Mai 1816 und Juni 1817 von 27 fl 11 kr auf 91 fl 55 kr für das Malter Korn; »die Menschen aßen Heu und Sägemehl«. Gottlob gelang es manchmal, die Wucherer zu fangen und sie der verdienten Strafe zuzuführen. Für das damalige BILD war immerhin ein so renommierter Künstler wie Wilhelm Chodowiecki tätig.

Heute, 1980, sind Inlandweizen und Weizenmehl der Type 550 nur wenig teurer als 1952. Der Preis für Getreide wird in Brüssel bestimmt. Das bringt es mit sich, daß im Wirtschaftsjahr 1978/79 die Bundesanstalt für Landwirtschaftliche Marktordnung knapp 1 Million Tonnen Getreide »interveniert«, also aus dem Markt genommen hat. Am Getreidepreis orientiert sich der Preis des Mehles: 85% davon bestimmt der Rohstoff, und im übrigen sorgt die von Überkapazitäten bedrängte Mühlenwirtschaft selbst für preisdämpfende Konkurrenz. Brot und Brötchen dagegen sind kräftig teurer geworden, der Anstieg entspricht der Entwicklung der allgemeinen Lebenshaltungskosten. In der Schere zwischen gebundenen Getreidepreisen und freien Brotpreisen kann die Müllerei nur dank intensiver technischer Rationalisierung und weitgehender organisatorischer Konzentrationen ihr Auskommen finden.

Der Preisanstieg selbst, in rohen Zahlen, scheint gewaltig. Aber: Wer sich 1949 1 kg helles Mischbrot kaufen wollte, mußte dafür 23 Minuten arbei-

ten, für 1 kg Brötchen gar 43 Minuten. Heute schafft das der Bundesbürger schon in 11 bzw. 18 Minuten. 1820 mußte der Deutsche noch vier Stunden arbeiten, um den Gegenwert von einem Pfund Brot zu verdienen, 1900 waren es immerhin noch 42 Minuten (bei einem Stundenlohn von 40 Pfennigen kostete ein Kilo Mischbrot 28 Pfennige). Heute ist der Brotpreis längst kein »politischer Preis« mehr: Benzin, Heizöl und Mieten sind

**»Der Brotwucherer hängt – die Not hat ein Ende«**

an seine Stelle getreten; und wenn Sie, verehrte Leserin, bisweilen über den (zu) hohen Brotpreis jammern: was kostet Ihre neue Frisur, und was kostet ein simpler Stehplatz in der Kurve des Olympiastadions (und dann verlieren die Bayern auch noch ...)?

**17**

# Geschichte und Herkunft des Brotes

## Vom Wildgras zum Weizen

Mit den Gräsern fing alles an. In vorgeschichtlicher Zeit waren die Menschen Jäger, Nomaden also, die das Fleisch der erlegten Tiere aßen und die Kräuter und Waldpflanzen ihrer jeweiligen Aufenthaltsorte. Es vergingen tausende von Jahren, bis aus den Wildpflanzen ganz allmählich Kulturpflanzen und aus den Wildgräsern unsere heutigen Getreidearten wurden – nach der sogenannten »Gen-Zentren-Theorie« von Vavilov in den Gebirgsgegenden Turkestans und Ostafrikas, vermutlich aber auch im Balkangebiet. Primäre Kulturpflanzen sind Weizen, Gerste, Hirse und Lein, und die Wissenschaft, die sich mit der Herkunft und der Entwicklung der Kulturpflanzen beschäftigt, nennt man Phylogenie.

In Mitteleuropa gibt es Ackerbau etwa seit dem Mesolithikum, der Mittelsteinzeit, als deren Beginn die Forscher das achte vorchristliche Jahrtausend ansetzen. Früheste Körnerfunde stammen aus dem Neolithikum, der Jungsteinzeit (etwa 6. bis 3. Jahrtausend). Ermöglicht wurde der Ackerbau durch eine Eigenschaft der Samen, die sich schon bei den Wildpflanzen findet: die Keimruhe oder der Keimverzug. Die Fähigkeit, auch noch nach drei, fünf oder zehn Jahren zu keimen, ist für die Erhaltung der Art unerläßlich, sie schafft die Voraussetzung für Lagerung und Vorratshaltung, ohne sie wäre eine zielgerichtete Züchtung nicht möglich. Die ertragreichen, aber kleinkörnigen Emmer und Einkorn waren zuerst da, dann erst folgten die Arten mit den großen Körnern, dem hohen Mehlkörper-Anteil, folgten die – damals schon – technologisch brauchbaren Arten. Daß das nicht gezielt, planvoll, gar »wissenschaftlich« geschah, ist klar. Die Lehrmeisterin war die Natur, der Mensch reagierte: er wurde Anbauer, Landmann, Bauer.

## Roggen

Roggen entstand erst in der Bronzezeit, die um 1000 v. Chr. zu Ende ging, vermutlich in den Karpaten. In frühen Funden ist er vergesellschaftet mit Emmer, später fast ausnahmslos mit Weizen. Der Roggen war und ist das Getreide des Nordens: Plinius erwähnt ihn als Getreide der Alpenbauern. Roggen wurzelt tiefer, er ist – oder war zumindest, denn heute gibt es auch an nördliche Klimazonen angepaßte Weizensorten – weniger anspruchsvoll und bringt im Norden bei kürzeren Vegetationszeiten die besseren Erträge. Roggen war ursprünglich und lange Zeit hindurch ein Unkraut, ungeeignet für die menschliche Ernährung. Diese Einschätzung hat er auch heute nicht ganz verloren. In Amerika nennt man ihn heute noch vielfach »black wheat«, und noch in den Bestimmungen der EG des Jahres 1980 figuriert der Roggen – Sie werden es nicht glauben, verehrte Freunde des Roggenbrotes – allein als »Futtergetreide«.

**Die Ägypter haben das Backen erfunden und waren stolz darauf.**

**Ihre Künstler haben das Produktionsprogramm**

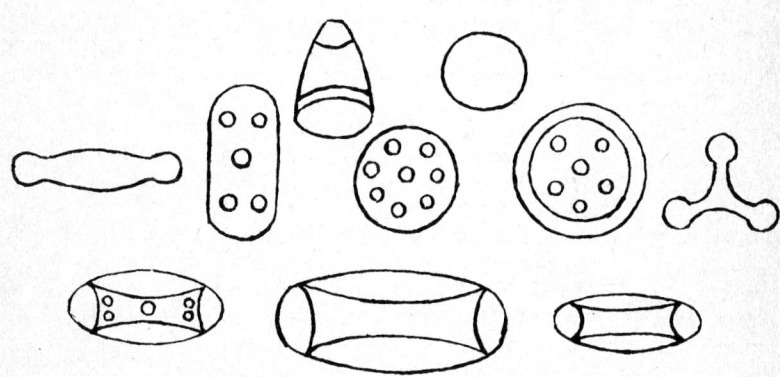

... und Beispiele ihrer Backwaren zeichnerisch überliefert

## Vorstufen des Brotes

Brot ist keine spontane »Erfindung«, kein Genieblitz eines begabten Einzelnen. Es hat seine Vorstufen: geröstetes Getreide, Brei, Fladen, und auch die haben natürlich über lange Zeiten nebeneinander, miteinander bestanden und bestehen so noch heute: im Korn-Kaffee wie in Mais- und Weizenflocken; in den vielen Getreidebreien wie Grütze, Pilaw (Reis), Polenta (Mais), Kanep (Hanf) auf der einen und den hochentwickelten Baby- und Kinderbreien der modernen Ernährungsindustrie auf der anderen Seite; Fladenbrot schließlich – ursprünglich auf Steinen gebackener Brei – kennt jeder, der in den Alpen Urlaub gemacht hat, und was ist Knäckebrot anderes als Fladenbrot?

Geschichte und Entwicklung dieser Vorstufen des Brotes sind ein ungemein fesselndes historisches Spezialgebiet; in der mit liebevollem Engagement geschriebenen »Urgeschichte des Hausbrotes« des Professor Walter von Stokar findet es eine spannend geschriebene Reportage.

## Das Brot

»Brot ist gebackene Natur« – so heißt ein von der Centralen Marketing-Gesellschaft der Deutschen Agrarwirtschaft gepflegter Werbe-Slogan. Das ist auch, in einem kurzen Satz, die Geschichte der Entstehung unseres Brotes. Was ist damals – vermutlich – geschehen?

Irgendwann einmal ließ irgendwer einen Brei, oder einen wieder zu Brei zerkleinerten Fladen, zusammen mit gesäuerter Milch oder mit saurem Früchtebrei in der Sonne liegen. Er sah, wie der Teig »aufging«, und als

die Flüssigkeit eingetrocknet war, lag vor ihm der erste Laib Brot. Natürlich ist das so nicht exakt am 1. Mai des Jahres 4980 vor Christo passiert. Sicher ist jedoch, daß an diesem Tage die eigentliche Kultur der Menschheit begonnen hat: das »älteste zubereitete Lebensmittel« war – entdeckt? erfunden? entwickelt? gefunden? – gleichwohl, es war da.

Was da im einzelnen geschehen war, damit werden wir uns später eingehend beschäftigen. Halten wir nur fest: ohne Brot gäbe es weder die altägyptische Kultur noch das Römische Imperium; der Christ bittet um das tägliche Brot; Kriege sind seinetwegen geführt worden; Brot ist Symbol für Hunger wie für Fülle, es ist die heilige Hostie und der Brosamen, der von der Herren Tisch fällt, es ist die achtlos unter dem Pfeffersteak weggeschobene Scheibe Toast wie der alte Kanten, um den sich hungrige Kinder balgen. Und noch im Jahre 1982 bezieht die eine Weltmacht, direkt oder indirekt, einen Teil ihres Brotes von der anderen: Brot nicht nur als Symbol, sondern auch als Instrument des Friedens?

## Ägypten, Rom und Europa

Brot entstand im alten Ägypten. Dort haben es die Juden kennengelernt, während Griechenland vermutlich von den aus Norden eindringenden Urvölkern das Brotbacken gelernt hat. Die Griechen gaben ihre Kunst an die Römer weiter, und es ist nicht zu viel gesagt, wenn man feststellt, daß der Bestand ihres Weltreichs auf dem politischen Genie einiger ihrer Führer, auf der Leistungsfähigkeit ihrer Techniker und auf dem Beutel Weizen begründet lag, den der Legionär mit sich trug. Natürlich war die Backtechnik der damaligen Zeit, verglichen mit der unseren, simpel, primitiv. Aber sie war unstreitig zweckmäßig – die Abbildungen hier belegen es. Der mittelalterliche Backofen ist in der prinzipiellen Anlage nichts anderes als eine vergrößerte ägyptische Backform, und der berühmte Backofen des römischen Bäckermeisters Eurysaces ist ein technisch perfektes Gebilde (nächste S.). Erst die Erfindung des Heizrohres ermöglichte es, den Backraum vom Heizsystem zu trennen – das war 1870.

**Für das Transportproblem fand man schon damals eine denkbar einfache Lösung**

**Auch wichtige technische Details sind festgehalten worden**

In Rom kann man heute noch die
Reliefs auf dem Grabmal des offenbar
bedeutenden Bäckers Eurysaces
besichtigen. Hier: der Backraum.

Ein Geselle des Eurysaces

## Das heilige Brot

Zur Zeit des römischen Kaisers Augustus wurde Jesus geboren. Die hohe kultische Bedeutung des Brotes im Christentum hat hier ihren Ursprung. Das Abendmahl steht im Zentrum der Verehrung Gottes. Die Hostie ist ein Stück ungesäuertes (also geschmackloses) Brot und unterscheidet sich von daher schon vom »normalen« Brot. Die Streitfrage, ob diese Hostie der Leib Christi »sei« oder ihn nur »bedeute«, war Ursache für blutige Glaubenskriege, und bis auf den heutigen Tag ist für den gläubigen Christen die durch das Brot symbolisierte Vereinigung mit Jesus ein Ereignis intensiven Erlebens.

Zahllos sind die symbolischen Darstellungen des Brotes in der sakralen wie in der weltlichen Kunst. Professor Matei Rohrlich hat ein eindrucksvolles Bändchen darüber zusammengestellt.

**Brot ist ein ewiges Motiv künstlerischen Schaffens. Hier ein Beispiel von Tizian: ein Abendmahl-Bild**

## Das Nahrungsmittel Brot

Brot ist das Symbol für »Nahrung« schlechthin. Wo Brot fehlt, ist Hunger, wer es besitzt (mit Joseph in Ägypten fing es an), genießt Macht und Einfluß. Zwar begann Brot, insbesondere feines Brot aus weißem Mehl, in Mittel- und Nordeuropa sein Dasein als Luxusgericht der upper ten (die Pharaonen hatten es ihnen vor 2000 Jahren schon einmal vorgemacht); seine zentrale Rolle im Speiseplan hat sich jedoch seit Beginn der bewußten Geschichtsschreibung kaum verändert; nicht einmal die industrielle Revolution konnte seine Stellung gefährden. Wohl hat man im Mittelalter relativ sehr viel mehr Fleisch gegessen als heute (100 kg pro Kopf und Jahr), doch war Brot immer dabei, zumal man schon um 1500 die Hefe der Brauereien als Triebmittel einzusetzen wußte (hier schließt sich der Kreis: vor 3000 Jahren hatte man begonnen, Bier aus in Wasser gärenden Krümeln von Fladen und Brot zu bereiten).

Bis zum frühen 19. Jahrhundert stieg demgegenüber der Anteil des Brotes auf bis zu 300 kg und auch der Verzehr anderer pflanzlicher Produkte, vor allem der Kartoffel, nahm einen beträchtlichen Umfang an. Mit dem Beginn der Bevölkerungsexplosion um 1850 stieg der Fleischkonsum wieder auf etwa 50 kg, der Brotverzehr blieb weiter hoch. Erst im Nachkriegs-Wohlstand unserer sechziger Jahre fand die dramatische Senkung des Brotkonsums statt, den wir in Tabelle 7 kennengelernt haben. Seit 1900 ist der Verbrauch an Getreide und Kartoffeln um 30% gesunken; die Menge der Fette ist um 50%, der Eier um 90% und des Obstes um 150% gestiegen. Der Wohlstand, so scheint es, verdrängt nicht nur den Hunger, er verdrängt auch das Brot. Uns steht hier und heute ein komplettes Nahrungsangebot zur Verfügung, vielseitig, schmackhaft; überall und jederzeit, und zu erschwinglichen Preisen. Die Bitte um »unser täglich Brot heute« ist, so formuliert es Dr. H. J. Teuteberg, »im wörtlichen Sinne zu einem rasch lösbaren, untergeordneten Pannenproblem einer hochmechanisierten, weltweit arbeitsteiligen Nahrungsmittelindustrie geworden«.

Doch das Brot lebt. Anders als früher, gewiß. Mit einer erstaunlichen Sorten-Vielfalt, kapriziös und deftig, rustikal und salonfein; in Kantinen und Krankenhäusern, im Schlemmerrestaurant und in der Dorfkneipe. Und vor allem zuhause. Wie kaum ein anderes Nahrungsmittel symbolisiert Brot auch heute noch unser aller Verbundenheit mit dem Boden, auf dem und von dem wir leben. Das sollte keiner von uns vergessen. Man kann das soziologisch formulieren, so der Münsteraner Soziologe Professor Pfeffer:

Die Verzehrsgewohnheiten der sekundären (verarbeitenden) und der tertiären (in Dienstleistungen wie etwa dem Handel tätigen) Berufsgruppen in jeder Gesellschaft beruhen auf den Möglichkeiten, die von den primären (Nahrungsmittel und Rohstoffe gewinnenden) Berufsgruppen geschaffen werden. Daher sind auch die Verzehrsgewohnheiten der modernen Industriegesellschaft – nicht nur die Verzehrsgewohnheiten in Ackerbaukulturen oder Viehzuchtkulturen – von der Intensität der Naturnutzung durch Ackerbau und Viehzucht beeinflußt.

Die Sprachkraft des Dichters braucht nur wenige Worte für denselben Sachverhalt. Adalbert v. Chamisso im »Riesenspielzeug« (Sie erinnern sich: »Burg Niedeck ist im Elsaß ...«): Denn wäre nicht der Bauer, so hättest Du kein Brot!

# Brot heute

»Der Mensch ist, was er ißt«. Natürlich sagt dieser Satz, der sich in fast allen materialistischen Philosophien in ähnlichen Worten findet, in dieser Kurzform nur die halbe Wahrheit. Gerade die Geist-Körper-Harmonie ist es ja, die den Menschen von (fast) allen Geschöpfen dieser Erde unterscheidet. Aber ein gutes Stück Wahrheit enthält er doch.

Wer über Ernährung schreiben will, ist in keiner beneidenswerten Situation. Die Wissenschaft von der (Human-)Ernährung steckt – auch im Jahre 1980 – noch immer in ihren Kinderschuhen. Wir wissen viele Details. Wir kennen den Chemismus vieler Vorgänge des Stoffwechsels. Wir haben genaueste Analysendaten bis in die Millionstel Gramm über die Zusammensetzung unserer Nahrungsmittel. Wir sind recht gut orientiert, was den Stoffwechsel fördert und was ihn stört. Aber der Mensch ist kein Stoffwechsel-Tier wie die Amöbe, sein Körper ist keine chemische Fabrik wie Bayer-Leverkusen und der Sinn seiner Nahrungsaufnahme ist auf mehr gerichtet als das Volltanken eines VW zu einer Fahrt ins Blaue. Der Mensch denkt sich etwas dabei, wenn er ißt und (der Experimental-Wissenschaftler ergänzt: schlimmer noch) er fühlt, wenn und was er ißt.

Wer also über Ernährung wissenschaftlich möglichst genau und dennoch anregend und lesbar schreiben will, darf nie vergessen, daß seine Leser – vermeintliche oder tatsächliche – Experten sind, die das, wovon er schreibt, alles irgendwie schon selbst erlebt und sich darüber ihr Urteil gebildet haben. Das gilt auch für den gesundheitlichen Aspekt. Aber wie es generell keine optimale Gesundheit gibt, so auch keine allgemein optimale Ernährung. Die meisten Urteile darüber sind ganz zwangsläufig psychologisch bestimmt, und wer revidiert schon gern sein eigenes (Vor-)Urteil?

## Fakten vom Essen

Der Mensch muß *Nährstoffe* aufnehmen, um seinen Körper aufzubauen (Bau-Stoffwechsel) und um ihn in Betrieb zu halten (Betriebs-Stoffwechsel). Solche Nährstoffe sind Proteine (Eiweißstoffe), Fette und Kohlenhydrate. Die Nährstoffe werden im Körper sowohl zur Bildung von körpereigener Substanz als auch für die Bereitstellung der erforderlichen Energie benötigt. Maßzahlen für diese Energie-Lieferung sind die (ältere) Kalorie und das (jüngere) Joule. Eine Kalorie ist diejenige Wärmemenge, die ein Gramm Wasser um ein Grad Celsius zu erwärmen vermag.

| | |
|---|---|
| 1 Kalorie | = 4,1868 J |
| 1 Joule | = 0,2388 cal |
| 1000 cal | = 1 kcal |
| 1000 J | = 1 kJ |

Ein Gramm Eiweiß und ein Gramm Kohlenhydrate liefern je 4,1 Kalorien, ein Gramm Fett 9,3, ein Gramm Alkohol 7 Kalorien.

Die Nährwert-Kennzeichnungs-Verordnung vom 9. 12. 1977 bestimmt für die Errechnung des physiologischen Brennwertes:

für ein Gramm
verwertbares Fett         38 kJ bzw. 9 kcal

für ein Gramm
verwertbares Eiweiß 17 kJ bzw. 4 kcal

für ein Gramm ver-
wertbare Kohlenhy-
drate, Sorbit und
Xylit sowie Glycerin 17 kJ bzw. 4 kcal

für ein Gramm
Alkohol                      30 kJ bzw. 7 kcal

für ein Gramm
organische Säure       13 kJ bzw. 3 kcal

Die Bevölkerung der Bundesrepublik
hat in den 70er Jahren pro Kopf und
Tag rund 2850 Kalorien zu sich genommen (bei einer von der Deutschen
Gesellschaft für Ernährung empfohlenen Zufuhr von 2400 Kalorien); davon stammten rund
  12% vom Protein
  41% vom Fett
  39% von den Kohlenhydraten
   8% vom Alkohol
Demgegenüber liegen die neuesten
US-amerikanischen »dietary allowances« (und die bundesdeutschen Emp-
fehlungen weichen davon kaum ab)
bei folgendem Nährstoff-Verhältnis:
  12% Eiweiß
  30% Fettstoffe, darin
     10% gesättigte,
     10% einfach ungesättigte,
     10% mehrfach ungesättigte
          Fettsäuren
  58% Kohlenhydrate, darin
     15% Saccharose (Zucker)
     43% Polysaccharide und
          natürliche Fruchtzucker
Auch bei ausreichender und harmoni-
scher Zufuhr aller Nährstoffe allein
könnte der Mensch nicht leben. Wirk-

stoffe sorgen dafür, daß der Stoffwechsel in den physiologisch richtigen
Bahnen verläuft. Solche Wirkstoffe
sind Vitamine, Mineralstoffe und Spurenelemente. Sie liefern keine Kalorien, bauen sich aber an den richtigen
Stellen in den Stoffwechsel ein und
sind – zusammen mit den auf Eiweiß
aufgebauten Enzymen (Fermenten) –
für die Umwandlung der Nährstoffe in
die körpereigene Substanz, für den
Zelldruck, das allgemeine Wohlbefinden, Spannkraft und Leistungsfähigkeit verantwortlich.
Schließlich braucht der Mensch zum
Leben Wasser (Durst ist nicht nur
schlimmer als Heimweh, sondern auch
viel kürzere Zeit auszuhalten als Hunger) und – das ist für unsere Brotbe-
trachtung sehr wichtig – Ballaststoffe.
Gerade in jüngster Zeit haben engli-
sche Forscher wieder bestätigt, daß
unser Wohlbefinden nicht nur davon
abhängt, was wir zu uns nehmen, sondern in ganz starkem, eindeutigem
Maße auch davon, wie – und wie oft –
wir die unverdaulichen Überbleibsel
unserer Nahrung wieder von uns
geben.
*Stoffwechsel* ist die Gesamtheit der
Umwandlung der zugeführten Nahrung in Körpersubstanz und Energie.
Er beginnt mit der *Verdauung*. Nahezu alle Lebensmittel sind komplizierte
Stoffgemische, die zunächst in einfach
aufgebaute Bruchstücke zerteilt werden müssen. Das geschieht mit Hilfe
von Enzymen, weil »bei den Bedingungen im Körperinneren (etwa neu-
trale Reaktion, niedere Temperatur,
wäßrige Lösung) kaum eine chemische Umsetzung ohne Beschleunigung
durch Enzyme mit der erforderlichen
Geschwindigkeit ablaufen würde«

(Lang). Verdaulich ist also ein Lebensmittel dann, wenn der Körper über die für seinen Abbau nötigen Enzyme verfügt. So können die Menschen z. B. keine Cellulose verdauen; die Wiederkäuer können es. Besäße der Mensch »Cellulasen« (Enzyme werden meist mit dem Substrat bezeichnet, das sie spalten können, unter Anhängung der Endsilbe -ase; ein proteinspaltendes Enzym ist also eine Proteinase), so könnte er sich nicht nur von Gras und Heu, sondern auch von Papier ernähren.

Die Verdauung geschieht im Magen-Darm-Trakt. Die Zellen der Darm-Schleimhaut »resorbieren« die ihnen angebotenen, abgebauten Nahrungsbestandteile mit sehr unterschiedlicher Geschwindigkeit. So kann der Mensch in 24 Stunden z. B. 18 Liter Wasser nicht nur trinken, sondern auch aufnehmen, immerhin noch 3,6 kg Glucose und 700 g Fett, aber z. B. nur 12 mg Eisen und nur 1/1000 mg vom Vitamin B 12.

Aus der Werbung für die Margarine, aber auch für eine proteinreiche Ernährung ist der Begriff der »essentiellen« Nährstoffe im breiten Publikum bekannt geworden. Essentielle Aminosäuren und essentielle Fettsäuren gehören dazu, aber auch Vitamine sind »essentiell« und die Mineralstoffe Natrium, Kalium, Calcium, Magnesium, die Chloride und die Phosphate nicht minder. Essentielle Stoffe müssen mit der Nahrung aufgenommen werden. Die nicht essentiellen sind aber keineswegs überflüssig, wir brauchen sie, weil sie die Hauptmasse der für den Stoffwechsel verfügbaren Substanz bilden.

Die Biosynthese schließt den materiellen Teil des Stoffwechsels ab. Sie hier zu schildern, ginge weit über den Rahmen dieses Büchleins hinaus. Die Erkenntnisse der Genetiker, der Zellforscher, der Physiologen und Biologen über den Aufbau der Zellsubstanz gehören zu den faszinierenden geistigen Leistungen unserer Zeit.

Eine letzte Überlegung gilt der Frage, wieviel man essen soll. Das ist ganz wesentlich eine Frage des Ausgleichs zwischen Kalorien-Aufnahme und Kalorien-Verbrauch. Wieviel wir im einzelnen aufnehmen? Dazu gibt der Ernährungsbericht 1976 die Zahlen der Tabelle 8.

**Tabelle 8: Nährstoff-Ist und Nährstoff-Soll in der Bundesrepublik Deutschland**

|  |  | Soll | Ist |
|---|---|---|---|
| Energie | kcal | 2400 | 2850 |
| Protein | g/Tag | 58,5 | 84,5 |
| Fett* | g/Tag | 80 | 132 |
| Linolsäure | g/Tag | 10 | 22 |
| Kohlenhydrate* | g/Tag | 395 | 340 |
| Phosphor | mg/Tag | 750 | 1588 |
| Calcium | mg/Tag | 750 | 738 |
| Eisen | mg/Tag | 15,0 | 17,6 |
| Vitamin B 1 | mg/Tag | 1,5 | 1,44 |
| Vitamin B 2 | mg/Tag | 1,9 | 1,85 |
| Vitamin B 6 | mg/Tag | 1,7 | 2,3 |
| Retinol-Äquivalente | mg/Tag | 0,9 | 1,0 |

* Zahlen des Ernährungsberichts 1972

Diese Zahlen wurden schon 1972 mit der drastischen Mahnung kommentiert:

Wir essen zuviel, zu süß und zu fett. Das muß nicht sein. Wer täglich Brot zu seinen Mahlzeiten nimmt, vermeidet den süßen Zucker und das fette Fett. Und von zuviel Brot allein ist noch kein Gesunder dick geworden. Für unsere weitere Betrachtung halten wir drei grundsätzliche Gedanken fest.

1. Der gesunde Mensch ist auf alle Nährstoffe angewiesen. Mischkost in harmonischem Mengenverhältnis ist die Grundlage seiner Ernährung. Alle Kost-Extreme stören diese Harmonie.
2. Mischkost schließt auch ausreichend Ballaststoffe ein. 2–5% Cellulose sind nötig, um Obstipationen zu vermeiden. Getreide enthält ca. 6% zellulosereiche Ballaststoffe.
3. Wir leiden an Über-Ernährung. Brot enthält nur sehr wenige derjenigen Stoffe, denen wir unser Übergewicht verdanken.

**Zur Psychologie des Brotverzehrs**

Der Brotverzehr ist von rund 110 kg pro Kopf im Jahre 1950 auf rund 70 kg im Jahre 1979 gesunken. Wen wundert es, daß sich die Verkaufs- und Werbe-Psychologen dieses ergiebigen Falles bemächtigt haben? Dabei interessiert natürlich vordergründig zunächst der Rückgang. Aber wer wissen will, warum sich eine Ware nicht verkaufen läßt, muß ihr »Image« kennen. Wie ist das Image des Brotes bei der heutigen Bevölkerung?

Schwenzner hat schon vor gut 15 Jahren darauf aufmerksam gemacht, daß »das gesamte Empfinden und Erleben des Brotes bewußt oder unterbewußt getragen wird von einem vielgestalteten und komplexen Bündel von Faktoren, die unser ganzes Leben umfassen und begleiten« und hat in diesen Faktoren »einige markante individual- und sozio-psychologische Hintergründe eines sozio-ökonomischen Phänomens« erkannt.

Nun stoßen Sie sich nicht, liebe Leserin und geschätzter Leser, an diesem schwer verdaulichen Marketing-Chinesisch. Sie sollen daraus nur sehen, daß sich seit Jahren wirkliche Profis mit unserem Brot beschäftigt haben und noch beschäftigen, und wo Profis wirken, kommt ja im allgemeinen auch etwas Vernünftiges heraus. In der Tat ist der Brotkonsum zuletzt wieder ein klein wenig in die Höhe geklettert. Wichtiger als dies: auch das Brot-Bewußtsein ist schärfer. Dr. Werner Steller, Leiter der Vereinigung Getreide-, Markt- und Ernährungsforschung e. V. in Bad Godesberg, hat aus der »Grundlagen-Untersuchung Brot und Brötchen« von Ernest Dichter ermittelt, daß Brot bei 81% der Verbraucher als das wichtigste Nahrungsmittel gilt. Noch 1974 lag der Beliebtheitsgrad des Brotes bei rund 60%. Gemüse und Salat dominierten damals mit gut 70%.

Und ganz besonders wichtig: Die Legende des vermeintlichen »Dickmachers« Brot hält sich nicht mehr: Brot führt heute zusammen mit Gemüse, Obst, vor Fleisch und Milch, die Skala der beliebtesten Nahrungsmittel an.

Aber kommen wir noch einmal auf das zurück, was das Brot psychologisch belebt – und belastet. Schwenzner nennt folgende Faktoren:

Der Zwiebackbrei des Kleinkindes
Die ersten Brotkrusten als Hilfe beim Zahnen
Der erste Broteinkauf des Kindes – das Empfinden des Geruchs und

der Wärme des frischen Brotlaibes
Das Kornfeld im Ablauf des Jahres
Das sakrale Brot-Erlebnis – Gebet:
Unser täglich Brot
Kirche: Das Sakrament
Die eiserne Ration im Krieg und in
Krisenzeiten
»Bei Wasser und Brot«
Das Diätbrot der Kranken und
Empfindlichen
Die öffentliche und politische Dis-
kussion des Preises für Brot und
Getreide

Wir wollen diese Gesichtspunkte gar nicht alle im einzelnen auf ihren Gehalt und auf ihre Tragfähigkeit prüfen. Wir sollten uns vielmehr stets an die heute noch unverändert gültige Feststellung im Ernährungsbericht 1972 erinnern, wonach

a) der Lebensmittelkorb heute nicht mehr vom Einkommen und von der sozialen Schicht abhängig ist,

b) die Mahlzeiten jedoch sehr deutlich von der Schicht- und Einkommens-Anlage geprägt sind.

Worauf das – immer wieder vor dem Hintergrund der Schwenzner'schen Faktoren – zurückzuführen ist, sagt uns der Ernährungsbericht 1972 in einer seiner wichtigsten Passagen.

1. Überkommene Ernährungsgewohnheiten werden nicht kritiklos weitergeführt.

2. Auf Bestandteile der Nahrungsmittel wird geachtet.

3. Die Bedeutung von Vitaminen, von leichtem Essen, viel Eiweiß, wenig Fett ist bekannt; vor zu vielem Essen wird gewarnt.

4. Es besteht ein Informationsbedürfnis hinsichtlich der Grundlagen richtiger Ernährung. Die Sicherung einer gesunden und bekömmlichen Ernährung wird höher eingeschätzt als die Sparsamkeit beim Einkauf.

Mit anderen Worten: Der Mensch unserer Zeit in unserem Land und in den Nachbarländern ißt nicht mehr allein, um satt zu werden, er ißt, um sich zu ernähren. Homo sapiens hat damit endlich gleichgezogen mit Ferkeln, Kälbern und Küken, denen die Segnungen einer richtigen, d. h. art- und umweltangepaßten Ernährung (= Aufzucht) schon sehr viel früher – dank intensiver Forschung – zu Teil geworden sind.

Natürlich hat er sich, und nur Philister werden ihm das verübeln, dabei ein bißchen übernommen. Überernährung, Übergewicht mit seinen Krankheitsrisiken sind ernsthafte gesundheitspolitische Faktoren. Allein: auch hier scheint ein Wandel, zumindest eine Korrektur in Sicht. Vielen Menschen – auch dem Autor – leuchtet es überhaupt nicht ein, daß alle Menschen *ein* »Normalgewicht« haben sollen. Das hieße doch, daß alle gleich großen Menschen gleich schwer sein sollen: Sehen Sie sich unter diesem Gesichtspunkt einmal Ihre Mitmenschen an. Ganz zu schweigen vom »Idealgewicht«. Natürlich gibt es immer wieder Glückspilze, denen eine gütige Natur die schlanke Linie schon in der Wiege geschenkt hat. Aber fragen Sie einmal ein superschlankes Mannequin, mit welchen Hungerqualen es seine 58 cm Taillenumfang erkauft und beobachten Sie die nervenzehrenden Entbehrungs-Schlachten, die älter werdende Mitbürgerinnen an der leckersten Sole Picasso herumknabbern lassen.

Immerhin: hier ist eine Chance für das Brot.

**Die Bitte um Brot, der Dank fürs Brot
– auch dies ein Dauerthema der Kunst**

In einem Punkt tut sich der Konsum-Artikel Brot jedoch auch heute noch schwer. Das Gebet für das tägliche Brot ist die Grund-Bitte um die Existenz schlechthin. Das gilt für die Anfänge der Menschheit wie für uns Heutige. Das Zurückdrängen des Kirchlich-Ritualen aus dem modernen Alltag hat die fromme Scheu nicht zu beseitigen vermocht, mit der der sakrale Gegenstand Brot betrachtet wird. Hier ist der Mensch unserer Tage in einer echten Konflikt-Situation. Er hat von seiner Mutter gelernt, daß man Brot nicht wegwirft, sondern aufißt. Und er weiß, daß »Erntedank« in erster Linie »Dank für Brot« ist. Andererseits gehört altes Brot (besonders altgewordenes Weißbrot) wahrlich nicht zu den Leckerbissen unserer Speisekarte. Was liegt näher, dem Konflikt zu entgehen, als die Einschränkung, gar der Verzicht auf Brot? Über die Apfelsine im Müllkasten regt sich niemand auf, nicht einmal über den Rest trockengewordenen Aufschnitts. Beim Brot haben wir alle – der Autor eingeschlossen – ein schlechtes Gewissen, und selbst den Schimmel schneiden wir heraus, obgleich uns zumindest seit der Entdekkung der Aflatoxine klar sein muß, daß Schimmelpilze lebensgefährliche Giftstoffe entwickeln können. Wir wollen und können hier keine Antwort geben, denn sie betrifft ganz allein das Bewußtsein und das Gewissen jedes einzelnen. Aber sehen sollten wir die Situation. Vielleicht kommen wir so am ehesten von der Verehrung zur Liebe und von der Liebe zur Freude am Brot.
Denn Brot und Freude, Brot und Lebensfreude, diese beiden Begriffe fin-

det man in unserer kultischen und kulturellen Vergangenheit und Gegenwart nur höchst selten. Es fällt uns schwer, uns unbefangen mit dem Brot und an dem Brot zu freuen. Ich habe mich bemüht, fröhliche Geschichten vom Brot zu finden. Das Ergebnis war nur mager. Eine einsame Ausnahme gibt es, eine Betrachtung von Art Buchwald über das französische Brot. Aber man muß wohl als Amerikaner in Frankreich gelebt haben, um so leicht und doch so liebevoll über Brot schreiben zu können.

»Das Brot ist für den Franzosen das, was der Regenschirm für den Engländer ist. Man trägt es zu jeder Zeit, ob Regen oder Sonnenschein, und man kann es vielfältig verwenden. Mit einem französischen Brot kann man ein Taxi heranwinken, man kann es seinem Vordermann im Omnibus in den Rücken stoßen, damit er den Ausgang freigibt, und man kann mit ihm den General de Gaulle begrüßen, wenn er in seinem Wagen vorbeifährt.«

»Es gibt zahlreiche Typen des französischen Brotes. Das sehr dünne und lange Brot nennt man »ficelle« (von le fil, der Faden). Das ficelle besteht vorwiegend aus Kruste und enthält nur wenig Krume im Inneren. Es bricht sehr leicht, und wegen seiner schlanken Länge muß es mehr wie ein Degen als wie ein Säbel getragen werden. Es ist ein nicht zu übersehender Richtungsanzeiger aus dem fahrenden Auto und ein praktischer Zeigestock für die Sehenswürdigkeiten Deiner Stadt, die Du Fremden zeigen willst.«

»Die nächste Sorte ist die »baguette«; sie hat die gebräuchlichsten Ausmaße, und man trägt sie am besten wie ein Gewehr auf der Schulter, das eine Ende in der geballten Hand. Trifft man seinen Hauswirt oder seine Frau auf der Straße, kann man es präsentieren (15 cm Abstand vom Körper). Bei einem Skiunfall ist solch ein Brot eine praktische Schiene. Es ist nicht üblich, mit der baguette auf der Straße Kreise zu drehen oder sie wie einen Baseball-Schläger zu balancieren.«

»Kürzer und dicker als die baguette ist der »bâtard« (= Bastard). Er ist ein Mittelding zwischen baguette und pain de fantaisie. Der bâtard ist vorzüglich geeignet für politische Meinungsäußerungen und für den Fall eines nächtlichen Überfalles.«

»Das »grospain« ist so lang wie die baguette und so dick wie der bâtard. Es wird vornehmlich von kinderreichen Familien gekauft, denn es ist so schwer, daß die Mutter alle ihre Kinder zum Kauf ausschicken muß. Sie tragen es gewöhnlich nach Hause wie eine Leiter.«

»Unglücklicherweise haben die französischen Bäcker versucht, amerikanisches Brot nachzumachen. Aber weil es zu nichts anderem taugt als gegessen zu werden, war das kein großer Erfolg.«

Wer diese komplizierten psychologischen Zusammenhänge begriffen hat, den werden auch die Mißerfolge nicht wundern, die die scheinbar so allmächtige Werbung beim Versuch erlitten hat, Verzehrsgewohnheiten zu ändern. Ernährungs-Aufklärung ist keine Sache allein für den Intellekt – Freude muß dabei sein, Genuß, wenn man so will, Glück. Und auch hier ist eine Chance für das Brot: »soul food« für jung und alt, für arm und reich.

# Brot backen

In den letzten Jahren sind etliche sehr gut konzipierte und vorzüglich ausgestattete Kochbücher auf den Markt gekommen. Aber suchen Sie, verehrte Leserin, darin einmal nach einem Rezept, wie Sie Brot backen sollen – Sie werden Ihre liebe Not damit haben. Gottlob besitzt meine Frau noch ein Konfirmationsgeschenk einer Tante: »Illustriertes Kochbuch für die einfache und feine Küche von Mary Hahn« und zwar die »38. neubearbeitete und erweiterte Auflage« aus den frühen dreißiger Jahren. Dort kann man nachschlagen:

»Bei der Bereitung von Roggenbrot verwendet man, um den Teig in Gärung zu bringen, nach altherkömmlicher Weise Sauerteig, man kann aber auch ein sehr gutes Roggenbrot mit Hefe bereiten oder mit Backpulver. Die Hauptsache zum guten Gelingen ist: Gutes Mehl, die notwendige Menge und Güte des Sauerteiges, der Hefe oder des Backpulvers, die richtige Temperatur des Wassers oder der Milch und die richtige Bearbeitung des Teiges.«

Die Rohstoffe hätten wir also: Mehl, Salz, Wasser oder Milch und Triebmittel (Hefe oder Sauerteig; das Backpulver wollen wir hier vergessen, es taugt besser in den Kuchenteig).

Aber wie fangen wir es nun an? Mary Hahn gibt eine blitzgescheite, gründliche Anleitung, mit der man kaum etwas falsch machen kann – aber uns beunruhigt es doch irgendwie, daß moderne Kochbücher das Brotbacken offenbar nicht mehr kennen. Wir fragen also beim Bäcker – der begreiflicherweise am Selberbacken der Hausfrau keine ganz reine Freude empfindet – und beim Lebensmittelhändler nach dem modernen einschlägigen Angebot. Übersprudelnd reichlich ist es nicht, was uns dort vorgeschlagen wird: Drei Brotmischungen von Dr. Oetker, ein »Bauernbrot« von Diamant – Ende des Angebots. Im Reformhaus, immerhin, treffen wir auf einige gut aufgemachte Anleitungen zum Selber-Mahlen von Korn und Selber-Backen von Vollkornbrot – das wird uns später noch zu beschäftigen haben. Und ein paar »Lehrbücher« gibt es, für Anfänger, für Liebhaber von Originalitäten; sie haben eine gewisse Förderung bis in höchste Presse-Regionen hinein (FAZ) gefunden, das »hausgemachte« Angebot paßt zur Nostalgie-Welle – aber man wird sicher an der Breite der praktischen Resonanz zweifeln dürfen, weil sich zwischen der – scheinbaren – Einfachheit der Rezepte und den – tatsächlichen – Problemen der Praxis, zwischen der Euphorie des schöpferischen Brot-Schaffens und der Enttäuschung beim Anblick mißglückter Unansehnlichkeiten eine beachtliche Frustrations-Breite aufbaut.

Und so kann die Zurückhaltung der industriellen Aktivität eigentlich nur zweierlei bedeuten: man hält entweder das Selberbacken von Brot aus halbfertigen Mischungen für so aufwendig, teuer und schwierig, daß man gegen das frische Brot aus dem Laden nicht glaubt konkurrieren zu können, oder aber – die Testmärkte haben gezeigt, daß die Durchschnitts-Hausfrau zwar gern und oft Kuchen und Feingebäck selber herstellt, sich ans Brot aber irgendwie nicht »herantraut«. Vermutlich spielt beides eine Rolle, und genau dies ist der Ausgangspunkt unserer Idee, dieses kleine Bändchen einer hoffentlich breiten Öffentlichkeit vorzustellen.

Sozusagen zum Eingewöhnen sehen wir uns an, wie sich die Bielefelder Brotmischungen präsentieren. Man braucht dazu eine Packung Brotmischung und $1/4$ l lauwarmes Wasser, man wirft einen Informationsblick auf die handgezeichneten Verfahrens-Bildchen und liest den knappen Text.

### a) Teig bereiten
Die Hefe in eine Rührschüssel geben, mit $1/4$ l lauwarmem Wasser (bitte genau abmessen!) verrühren und 5 Min. stehenlassen. Die Brotmischung zu der Hefelösung geben und mit einem Handrührgerät mit Knethaken auf höchster Stufe in 2–3 Min. zu einem Teig verkneten. Die Schüssel mit einem Küchentuch abdecken und den Teig etwa 15 Min. an einem warmen Ort gehen lassen.

### b) Teig formen
Den Teig mit Mehl bestäuben, mit einer Teigkarte (Teigschaber) aus der Schüssel nehmen, kurz durchkneten und gleichzeitig dabei zu einer glatten Kugel formen. Den Teig auf ein gefettetes Backblech legen, mit dem Küchentuch abdecken und wieder etwa 15 Min. an einem warmen Ort gehen lassen.

### c) Teig backen
Die obere Seite des Teiges mehrere Male kreuzweise etwa 1 cm tief ein-

schneiden (nicht drücken!), mit Wasser bestreichen und leicht mit Mehl bestäuben. Das Backblech in die Mitte des vorgeheizten Ofens schieben.

Strom: 200–225° C
Gas: 5 Min. vorh. 3–4, backen 3–4
Backzeit: 40–50 Min.

Das ist knapp, anschaulich; alle wesentlichen Merkmale sind erfaßt. Unseren Müttern hat es Mary Hahn noch ausführlicher beschrieben:

## »Roggenbrot mit Sauerteig bereitet.

Will man z. B. 6 Brote backen, so braucht man 12¹/₂ kg Roggenmehl, 350 g Sauerteig, ungefähr 6 l lauwarmes Wasser, das im Sommer 21 °R, im Winter 24 °R haben soll, d. h. es muß gut handwarm sein, und 125 g Salz. – 10–12 Std., gewöhnlich am Abend vor dem Backtage, stellt man den erwärmten sauberen Backtrog auf zwei Stühlen in die Nähe des warmen Herdes, schüttet das ganze erwärmte Mehl hinein, macht in die Mitte eine große Grube, gießt etwa 4 l lauwarmes Wasser, in dem man den Sauerteig aufgelöst hat, hinein, rührt den dritten oder vierten Teil des Mehles nach und nach in das Wasser, so daß es ein dicklich fließender Teig ist, deckt ihn mit dem Deckel des Troges oder mit erwärmten Tüchern zu und läßt ihn über Nacht im Warmen gehen. Am andern Morgen zeitig werden 125 g Salz gleichmäßig über das Ganze gestreut, dann zuerst das übrige Mehl mit dem Sauerteige vermischt und mit noch 2 l lauwarmem Wasser, das man nach und nach hinzugießt, zu einem festen Teige verarbeitet, möglichst in die Mitte des Troges geschoben und geknetet, nicht mit den Fingern, sondern mit den Knöcheln der geballten Fäuste, indem man den Teig von einem Ende zum andern recht kräftig und sorgfältig durcharbeitet, wieder zusammenschlägt, bis er die richtige Geschmeidigkeit hat, dann rafft man ihn zu einem Ballen zusammen, wendet ihn um und legt ihn in eine Ecke des Troges, er darf dann nicht auseinanderfließen, sonst muß man noch etwas Mehl hinzufügen, dann stäubt man Mehl darüber und läßt ihn zugedeckt nochmals ungefähr 2¹/₂ Std. gehen. Danach teilt man den Teig in 6 Teile, formt runde oder lange Brote daraus und läßt sie in bemehlten Strohschüsseln nochmals wenigstens 1 Std. gehen. Während dieses letzten Aufgehens bestreicht man die Brote mit Hilfe der Hand dreimal mit lauwarmem Wasser, damit sie nicht rissig werden, worauf man sie in den gut durchheizten Backofen schiebt und 2 Std. backen läßt. Das Brot ist ausgebacken, sobald die Rinde klingt, wenn man mit dem Fingerknöchel daraufklopft. Sowie die Brote aus dem Ofen kommen, bestreicht man sie mit Hilfe eines Handbesens mit kaltem Wasser und schiebt sie noch einen Augenblick zum Trocknen in den Ofen, sonst wird die Kruste kleistrig, dann werden sie mit der oberen Seite nach unten wieder in die Backschüssel gelegt, wo man sie auskühlen läßt. – Um den richtigen Hitzegrad zum Brotbacken zu erproben, klemmt man drei Kornähren ohne Körner in den Brotschieber oder streut etwas Mehl auf denselben. Werden die Ähren oder das Mehl nach einigen minutenlangen kreisförmigen Bewegungen im Ofen schwarz, so ist der Ofen zu heiß, werden sie goldbraun, so ist die richtige Hitze vorhanden.

Angeschnittenes Brot bewahrt man in einer Blechbüchse oder einem Steintopf mit Deckel auf, damit es nicht trocknet.«

Diese Rezeptur ist zugleich die Disposition der folgenden Abschnitte, denn sie spricht alle wichtigen Faktoren der Rohstoffe und der Verfahrenstechnik an. Halten wir uns daran und beginnen wir mit den Rohstoffen.

## Rohstoffe für das Backen

Der Rohstoff des Müllers ist das Korn. Das Wort »Korn« bezeichnet fast überall auf der Erde die jeweils häufigste Getreideart – in der deutschen Sprache den Roggen oder das Brotgetreide schlechthin. Im Englischen, besonders in den USA, ist »corn« das Wort für Mais. Das hat – die älteren unter den geschätzten Lesern werden sich mit Beklommenheit erinnern – nach dem Kriege in den Jahren 1946–1950 zu einem fatalen Mißverständnis bei den US-amerikanischen Getreidelieferungen in das besetzte Deutschland geführt. Die deutschen Sachbearbeiter hatten auf die Frage, welche Nahrungsmittel unser Land denn besonders dringend benötige, »Korn« geantwortet. Nicht etwa als eine Schikane der bösen Besatzer gegen die unverbesserlichen Nazis, sondern philologisch völlig exakt haben wir dann tausende und abertausende von Tonnen Mais bekommen. Das mit Maismehl hergerichtete Brot war in der Tat ein Lebensmittel zum Abgewöhnen, aber – erinnern Sie sich? – wir haben es damals dennoch und im wörtlichen Sinne zähneknirschend verzehrt. Jüngeren Lesern ist diese Erfahrung erspart geblieben.

Allerdings: Dick wurde damals und von diesem Brot kein Mensch, obgleich der Verbrauch bei über 100 kg pro Kopf und Jahr lag. Heute indessen will uns eine interessierte Industrie (der man das gar nicht verübeln kann), und eine nicht geringe Zahl im Übrigen tüchtiger Ärzte (die es allerdings wirklich besser wissen sollten) einreden, das Übergewicht käme vom Brot. Mir kommt das immer so vor wie der Versuch, mit dem Argument des schönen, heißen Sommerwetters Regenschirme verkaufen zu wollen. Nun, hoffen wir, daß dieses Büchlein auch in die Hände vieler Ärzte gelangt.

## 1. Getreide

Die Welt-Getreideernte von rund 1,5 Milliarden Tonnen reichte aus, um allen Menschen dieser Welt täglich 2000 Kalorien zuzuführen. Daß dennoch Millionen Menschen in der Zeit bis zum Jahre 2000 einer vermutlich unausweichlichen Hunger-Katastrophe entgegenbangen müssen, ist eine Folge falscher Verteilung und falscher Verwendung. An der falschen (geographischen) Verteilung ist zunächst nicht viel zu ändern: in den ariden Gebieten der Erde wächst kein Getreide, und für den materiellen Ausgleich wären riesige Transport-Kapazitäten nötig, die heute – dafür – nicht vorhanden sind. Aber Getreide wird nicht nur verwendet, es wird verschwendet. Allein mit dem Getreide, das in den USA für die Schnaps-Brennerei benützt wird, könnte man 40–50 Millionen Menschen satt machen. Aber die ärgsten Sünder indessen sind wir selber: alle, die wir (der Ernährungsbericht 1976 sagt: zu viel) Fleisch essen.

Man braucht sieben Getreide-Kalorien, um eine »tierische Kalorie« (Milch, Eier, Fleisch) zu erzeugen, aber eben nur eine Getreide-Kalorie für eine Brotkalorie. Während also der »Kalorienumsatz« von Weizen bei der Herstellung von Brot 1 : 1 beträgt, liegt er für Schweinefleisch bei 3 : 1, für Eier bei 4 : 1, für Milch bei 5 : 1, für Rindfleisch bei 10 : 1 und für Hühnerfleisch gar bei 12 : 1. Professor Meuser hat diese Dinge erst kürzlich wieder einmal durchgerechnet. Würden wir uns in der Bundesrepublik Deutschland mit den 3,5 Millionen t Fleisch begnügen (tatsächlich essen wir 5,1 Millionen t), die die Standards der Deutschen Gesellschaft für Ernährung (DGE) vorschlagen, könnten 3,9 Millionen t Getreide mehr für die direkte Ernährung verwendet werden.

Natürlich fehlt all solchen Überlegungen der realistische Bezug zur Wirklichkeit; »die Dinge sind nicht so«. Aber wie rechtfertigen wir es eigentlich, angesichts des in Zukunft drohenden Hungertodes von Millionen Menschen, unsere Verschwendung fortzusetzen und uns das Übergewicht anzu-essen, das Millionen Kilo Untergewicht kompensieren könnte? Und daß wir für die Behandlung ernährungsbedingter Erkrankungen unser Bruttosozialprodukt Jahr für Jahr mit 17 Milliarden DM belasten?

Getreide – man sieht es in dramatischer Deutlichkeit – ist wirklich ein *Grund*-Nahrungsmittel.

## Weizen

Abb. rechts zeigt die Fruchtstände unserer wichtigsten einheimischen Getreidearten. Jede der insgesamt sieben Getreidearten (außer den gezeigten

noch Hirse, Mais, Reis; manche zählen auch den Buchweizen dazu, aber der gehört botanisch zu den Knöterichgewächsen) spaltet sich in mehrere Formen auf. Beim Weizen (Gattung triticum) kennt man drei Reihen und zwölf Arten, doch haben nur die Arten Triticum aestivum (das ist der eigentliche Brotweizen) und Triticum durum (Hartgrießweizen; vorwiegend für die Teigwarenherstellung bestimmt) praktische Verwendung gefunden. Weizen wird rund um das Jahr geerntet:

| | |
|---|---|
| Januar: | Australien, Neuseeland, Chile, Argentinien |
| Februar/ März: | Indien, Pakistan |
| April: | Türkei, Ägypten, Vorderasien, Mittelamerika |
| Mai: | Mittelasien, Nordafrika, südliche USA |
| Juni: | Mittlere USA, Südeuropa |
| Juli: | Mitteleuropa, Balkan, Südrußland, USA |
| August: | Nördliches Mitteleuropa, USA, Kanada |
| September: | Großbritannien, Skandinavien, Nordrußland, Kanada |
| Oktober: | Nordrußland, Finnland |
| November/ Dezember: | Südafrika, Südamerika |

In der Bundesrepublik hat der Weizenanbau den schon aus Tabelle 6 bekannten vorher nicht für möglich gehaltenen Aufschwung erlebt. Die deutschen Weizenzüchter haben in den letzten beiden Jahrzehnten wahrlich Pionierarbeit geleistet. Durch planmäßige Selektion kurzstrohiger Sorten wurden die Durchschnittserträge nahezu verdoppelt, und Sorten

Weizen          Roggen          Gerste          Hafer

wie Disponent, Vuka, Caribo (Weizensorten haben Namen wie Rennpferde oder Rosen) können auf guten Böden Hektarerträge bis zu 100 dt erreichen. 75% der Ernte 1978 setzten sich aus den Sorten Jubilar, Caribo, Diplomat, Kormoran und Vuka zusammen. Einige der deutschen Neuzüchtungen, wie Monopol, Kolibri, auch Vuka, können sich qualitativ mit guten nordamerikanischen Winterweizensorten durchaus vergleichen.

## Roggen
Der Roggen – wir sagten es schon auf Seite 18 – ist das Aschenbrödel des Brotgetreidemarktes. Das liegt nicht nur daran, daß Roggen als Brotfrucht nur im nördlichen und östlichen Europa sowie im deutschsprachigen Raum eine Rolle spielt – der Roggen hat auch weder in der Züchtung noch in der Technologie noch in der Wissenschaft jenes Interesse wecken können, das sich beim Weizen aus Neugier, Fantasie und Gesundheitsstreben so komplex gebildet hat. Sein Sortenbild ist, im Vergleich zum Weizen, einheitlicher, einfacher; die ganze deutsche Ernte besteht praktisch nur aus den beiden Sorten Kustro (80%) und Carokurz, und offiziell gibt es nur 10 Roggensorten im Register 1978 (gegenüber 50 Weizensorten); schließlich stehen der fast unübersehbaren Vielfalt der über tausend Weizengebäcke einschließlich der Feinen Backwaren nur relativ wenige Roggengebäcke gegenüber. Der meiste Roggen in der Bundesrepublik stammt aus Niedersachsen (1980: 40%), dann folgen Nordrhein-Westfalen, Schleswig-Holstein und Bayern. Fast zwei Drittel der Gesamt-

37

Ernte von 1980 (rund 2,1 Millionen t), ist »Brotroggen«. Für ihn hat die EG einen »Brotroggen-Zuschlag« in Höhe von rund DM 15,– je t festgelegt, um der Landwirtschaft – die bei den niedrigeren Bodenerträgen des Roggens natürlich dort, wo es anbautechnisch möglich ist, den Weizen aus Erlösgründen bevorzugt – einen zusätzlichen Anreiz zu bieten, mehr und besseren Roggen für die beliebtesten deutschen Brotsorten an den Markt zu bringen.

## Mehl

Es gibt zwei Ansichten über die Aufgabe der Vermahlung von Brotgetreide. Bis in das 19. Jahrhundert hinein haben die Mühlen in erster Linie das Korn zerkleinert und dabei »Schrot« hergestellt: ein mehr oder weniger grobes, von Schalen und Keimlingsteilchen durchsetztes Produkt, das praktisch alle Bestandteile des Korns enthielt. Es dabei zu belassen, ist bis heute – und heute wieder stärker als noch vor zehn, fünfzehn Jahren – das erklärte Ziel einer Bewegung, die rund um Emotions-Worte wie Vollkorn, Naturkraft, Wertkost und um Buhmann-Begriffe wie raffiniert, Weißmehl, kalorienleer, für eine kleine, (vermeintlich) intellektuelle Elite ein nostalgisches »Natur«-Theater zu inszenieren versucht, dessen emotionaler und intellektueller Aufwand zu dem (damit allenfalls erreichbaren) Gesundheits-Ziel in einem argen Mißverhältnis steht. Hauptangriffspunkt dieser »Literatur« ist das »weiße« Mehl, das mengenmäßig bei weitem dominierende Erzeugnis der modernen Getreidevermahlung nicht nur hierzulande.

Schon hier sollte man eigentlich stokken. »Weiß« ist doch überall und seit langem die Farbe des Reinen, der Unschuld, der Klarheit, des Lichts. Wer hat eigentlich was – warum – gegen das weiße Mehl?

Das Bild rechts erklärt es. Das Innere des Weizenkorns, der »Mehlkörper«, ist von einer fest-elastischen, für Wasser aber dennoch durchlässigen, aus mehreren Schichten bestehenden »Schale« eingeschlossen. Die mechanische Trennung des hochwertigen Mehlkörpers von der vorzugsweise als Viehfutter verwendeten Kleie ist eine technisch fast paradox anmutende Aufgabe. Versuchen Sie einmal, mit bloßen Händen, oder auch unter Zuhilfenahme Ihrer Zähne, ein Weizenkorn in Mehlkörper und Schale zu zerlegen: es wird Ihnen nicht gelingen. Im modernen Mühlenbetrieb indessen – die größten Europas stehen in Rotterdam und Paris und verarbeiten täglich um die fünfzehnhundert Tonnen Getreide, die größten deutschen Mühlen stehen in Bremen, Hameln, Köln und Mannheim – sorgt eine große Zahl sorgfältig miteinander zu einem »Vermahlungsdiagramm« verknüpfter Einzelmaschinen für die kontinuierliche Gewinnung des Hauptrohstoffs für das tägliche Brot. Tausend Tonnen Weizen, das sind über 33 Milliarden Körner; sie wachsen auf einer Fläche von etwa 200 Hektar: das sind zwei Millionen qm oder an die 300 Fußballfelder; oder der Gesamt-Ertrag eines immerhin recht stattlichen Gutshofes mit 800 Morgen Akkerland. Daraus entstehen etwa 800 Tonnen Mehle verschiedener »Typen«, daneben Grieße und Nachprodukte. Die »Mühle« ist heute

**38**

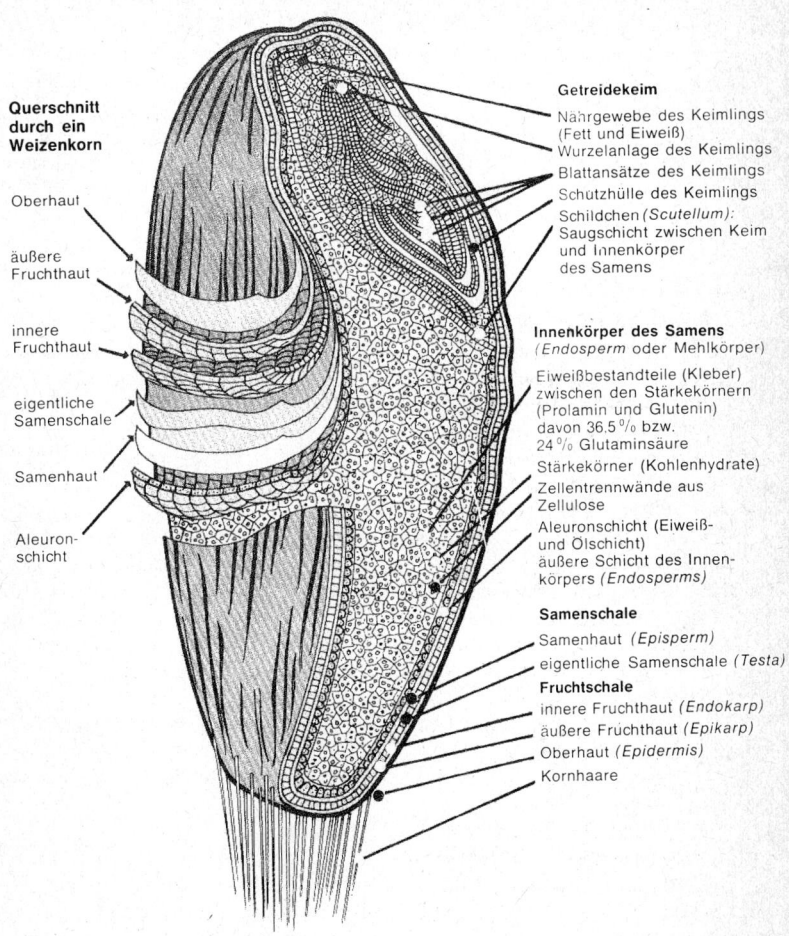

**Querschnitt durch ein Weizenkorn**

Oberhaut

äußere Fruchthaut

innere Fruchthaut

eigentliche Samenschale

Samenhaut

Aleuronschicht

**Getreidekeim**

Nährgewebe des Keimlings (Fett und Eiweiß)
Wurzelanlage des Keimlings
Blattansätze des Keimlings
Schutzhülle des Keimlings
Schildchen *(Scutellum)*: Saugschicht zwischen Keim und Innenkörper des Samens

**Innenkörper des Samens**
*(Endosperm* oder Mehlkörper)

Eiweißbestandteile (Kleber) zwischen den Stärkekörnern (Prolamin und Glutenin) davon 36.5 % bzw. 24 % Glutaminsäure
Stärkekörner (Kohlenhydrate)
Zellentrennwände aus Zellulose
Aleuronschicht (Eiweiß- und Ölschicht) äußere Schicht des Innenkörpers *(Endosperms)*

**Samenschale**

Samenhaut *(Episperm)*
eigentliche Samenschale *(Testa)*

**Fruchtschale**

innere Fruchthaut *(Endokarp)*
äußere Fruchthaut *(Epikarp)*
Oberhaut *(Epidermis)*
Kornhaare

## Der Aufbau des Getreidekorns

**Die Mühle: so fing es an**

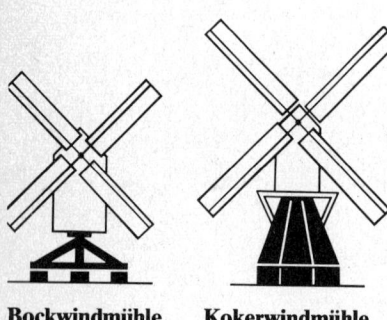

**Bockwindmühle**     **Kokerwindmühle**

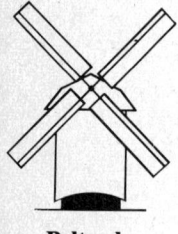

**Paltrock-**          **Holländer-**
**windmühle**          **windmühle**

**Verschiedene Formen der**
**Windmühle**

mehr und mehr zur Maschine geworden, das Zerkleinern des Korns zu einem über längere Zeit präzise fixierbaren technischen Vorgang, der allerdings der prüfenden Überwachung durch den erfahrenen Müller bedarf. Das Vermahlen selbst ist ein kompliziert gestuftes Wechselspiel zwischen Zerkleinern (»mahlen«) und Sieben (»sichten«), und um den goldgelben Grieß ganz von Schalen (»Stippen«) zu befreien, muß er in eigens dafür konstruierten Luft-Gebläsen über Siebe »geputzt« werden. Der Weg eines Teilchens durch die Mühle kann so einige hundert Meter lang werden, bis es irgendwo seinen Platz in den Fertigerzeugnissen gefunden hat. Auf dieser Reise wird es von keines Menschen Hand berührt. Luftströme tragen und kühlen es, elektronisch gesteuerte Weichen und Wegegabeln führen es auf vorgeplanten Bahnen in die bereitgestellten Auffang- und Zwischensilos und von da in Lagersilos, Tankwagen oder in den Sack. Schon werden heute in der Bundesrepublik über 1,7 Millionen Tonnen, das sind rund ein Drittel der gesamten Mehlproduktion, in Tankwagen zum Bäcker und in die Brotfabrik gebracht; im Verkehr zwischen Großmühle und Brotfabrik dominiert der Tankwagen seit langem.

## Mehltypen, Mehlarten

### Typen

»Feines«, d. h. helles, feinkörniges Mehl aus dem Inneren des Getreidekornes, kannten schon die alten Römer. Doch bis in unser Jahrhundert hinein war es weitgehend dem Müller oder vielmehr dem Bäcker und dem

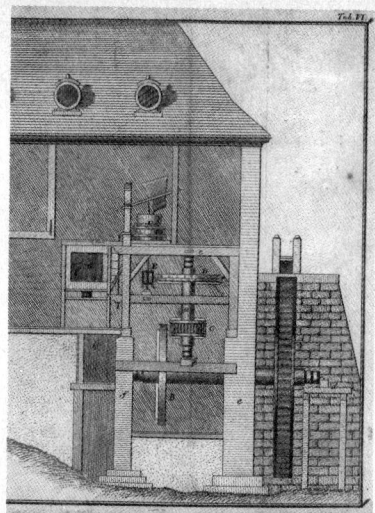

Alte oberschächtige Wassermühle (Kupferstich von 1818). Die Mühle besitzt ein zweistufiges Triebwerk (unten Kammrad, oben Stockrad), von dem aus gleichzeitig zwei Gänge angetrieben werden. Diese Form ist noch heute in den letzten handwerklichen Wassermühlen anzutreffen.

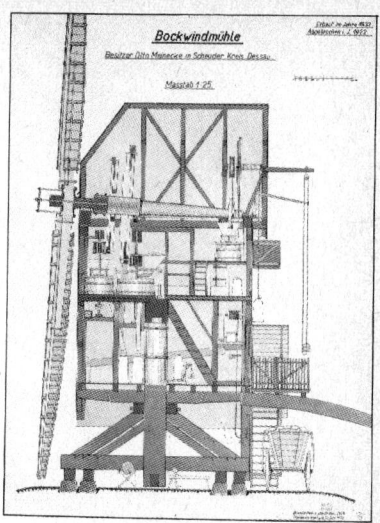

Diese Bockwindmühle wurde 1833 erbaut und 1922 abgerissen. Bei starkem Wind entwickelten die Flügel bei etwa 25 Umdrehungen pro Minute etwa 20 PS. In 24 Stunden konnten bis zu zwei Tonnen vermahlen werden.

Konsumenten überlassen, mit welcher Art von Mehl man backen wollte und erst in den dreißiger Jahren begannen – ausgerechnet, würde der Völker-Psychologe sagen – die Deutschen, Mehle »nach Type« herzustellen. Der Berliner Professor Mohs hatte das jahrzehntelang vorbereitet. Er hatte, auf unterschiedlichem Mahl-Gerät, mit allen vorzufindenden Weizen- und Roggen-Partien, herausgefunden, daß zwischen dem »Aschegehalt« eines Mehles – also dem Anteil an Unverbrennbarem, der auch beim Erhitzen auf 900° C nicht verfliegt – und seiner »Ausbeute« – also dem prozentualen Anteil an Mahlprodukt, bezogen auf das vermahlene Korn – eine klare technische Beziehung besteht. In den damaligen Jahren der »Erzeugungsschlachten«, der trotz aller Energie irgendwie blinden Bemühungen um Autarkie, war ein solcher Befund natürlich hochwillkommen: zur Kontrolle der Mühlen, zur Planung von Anbau und Importen, zur Steuerung der Verzehrsgewohnheiten.

Inzwischen haben sich die »Aschetypen« (Tabelle 9) quer durch Europa durchgesetzt. Ihre Zeichensprache ist

**Der Walzenboden in einer modernen Mühle**

einfach: je niedriger die Zahl, umso heller das Mehl – ein volles Korn liegt etwa bei der »Type 2000«. Das System ist analytisch ausreichend präzise und es dient – unangefochten – in gleicher Weise der Steuerung des technischen Betriebs wie als wirtschaftlicher Vergleichsmaßstab auf dem schwierigen Markt für Mehl und Mühlenerzeugnisse.

**Arten**

Jede Getreideart liefert die ihr zugehörige Mehlart: Weizen Weizenmehl, Hafer Hafermehl usw. Doch trifft man gelegentlich noch auf andere Namen in Verbindung mit »... mehl«. Hier eine kurze Übersicht.

1. Agglomeriertes Mehl wird hergestellt durch Zusammen-Sieben feiner Mehlteilchen bei geeigneten Feuchtigkeiten. Agglomerierte Mehle stauben nicht, klumpen nicht, es sind »Instant«-Produkte. Wegen ihres relativ hohen Preises ist ihr Marktanteil sehr gering.

2. Fertigmehl oder teigfertiges Mehl ist eine Mischung von Mehl mit anderen pulverförmigen Zutaten (Fett, Zucker, Salz, Backmittel). Solchen Mischungen braucht außer Hefe nur noch Flüssigkeit (Wasser, Ei, Milch) zugesetzt zu werden, um einen backfertigen Grundteig zu geben. Etwa 6–8% der in der Bundesrepublik hergestellten Weizenmehle werden zu Fertigmehl weiterverarbeitet. Es gibt Fertigmehle für Brot, Brötchen, Toastbrot, Hefegebäck, Tortenböden, Rührkuchen, Windbeutel, Eclairs, usw.

**Plansichter bestehen aus vielen übereinander angeordneten Sieblagen. Dadurch lassen sich Grieße, Mehle und grobe Zwischenprodukte in zahlreiche, durch den Feinheitsgrad charakterisierte Einzelfraktionen aufteilen.**

**Tabelle 9: Die heutigen Mehltypen in der Bundesrepublik**

| Weizen | Roggen |
|---|---|
| 405 | 610 |
| 550 | 815 |
| 630 | 997 |
| 812 | 1150 |
| 1050 | 1370 |
| 1200 | 1590 |
| 1600 | 1740 |
| 2000 | 1800 (Backschrot) |
| 1700 (Backschrot) | |

Die Aschezahl ist das Tausendfache des bei der Verbrennung bei 900° C zurückbleibenden Mineralstoff-Gehalts. Ein Mehl der Type 550 hat einen Aschegehalt von 0,550%.

**Ein Gewirr von Rohren verbindet die einzelnen Hilfsmaschinen. Der Transport der Mehlteilchen erfolgt pneumatisch, d. h. mit Hilfe von Saug- oder Druckluft.**

3. Vitaminierte Mehle sind zuerst in den angelsächsischen Ländern auf den Markt gekommen. Sie enthalten Zusätze von Mischungen vorwiegend des B-Komplexes mit dem Ziel, den ursprünglichen Vitamingehalt des vollen Korns auch im hellen Mehl anbieten zu können.
4. Windgesichtetes Mehl entsteht beim Sortieren feiner Mehlteilchen in strömender Luft. Sehr kleine (10–20 μm; 1 μm = 1/1000 mm) Mehlteilchen besitzen einen relativ hohen Eiweißgehalt. Durch Zugabe windgesichteter Fraktionen lassen sich manche Backeigenschaften verändern und verbessern. Nach anfänglichen Erfolgen haben diese Verfahren viel von ihrer Attraktivität verloren.
5. Zusammengesetzte Mehle (composite flours) bestehen aus zwei oder mehr Getreidearten, bzw. aus Anteilen von Mehlen von Ölfrüchten, Leguminosen u. ä. Sie sind für die Länder der Dritten Welt entwickelt worden, um die Bodenfrüchte tropischer und subtropischer Gebiete wenigstens zum Teil zu Brot weiterverarbeiten zu können. Insbesondere Mais und Hirse (Sorghum), aber auch Sojabohnen und Kichererbsen, erhöhen den Eiweißgehalt im Brot beträchtlich, verbessern damit seinen Ernährungswert und helfen gleichzeitig bei den Bemühungen um eine ausgeglichene Agrarbilanz.

## Qualität von Getreide und Mehl

Mit der Qualität von Getreide und Mehl beschäftigt sich eine ganze wissenschaftlich-technische Disziplin – die Getreidechemie – mit modern eingerichteten Instituten und Laboratorien in allen Industrieländern und an zahlreichen anderen Orten der ganzen Welt, mit wissenschaftlichen Gesellschaften, Kongressen und all dem anderen üblichen Zubehör. Wir können und wir wollen nicht versuchen, in notwendigerweise unvollständigen Andeutungen vom Inhalt und von den Problemen dieser Arbeiten zu berichten. Nur einige für unser Verständnis vom Brot unerläßliche Dinge gilt es anzusprechen: wir wollen ja nicht nur backen, wir wollen ja auch wissen, warum wir das tun.

**Schon im alten Rom kannte man Mahlgänge, die in der Lage waren, auch für unsere Begriffe »helle« Mehle zu produzieren**

Weizenqualität ist Eiweißqualität; Eiweißqualität ist Kleberqualität, und vom Kleber müssen wir reden. Es gibt nämlich einen ganz simplen Grund dafür, daß der Weizen auf der ganzen Welt zur bevorzugten Brot-Pflanze geworden ist. Einige seiner Eiweißstoffe sind wie keine anderen sonst befähigt, Wasser zu binden, Teig zu bilden und damit erst die Voraussetzung für die Brotherstellung zu schaffen. Je nach den Eigenschaften dieses Klebers – das in eine kaugummiartige, gelb-braune Masse, die Sie selbst zwi-

Dieser »Erdholländer«
(»Jungfernmühle« der Firma Ernst
Wienecke) war die letzte Windmühle,
die in Berlin betrieben worden ist. Sie
wurde im Frühjahr 1980 stillgelegt ...

schen die Finger nehmen können,
wenn Sie einen festen Mehlteig unter
einem dünnen Wasserstrahl langsam
»auswaschen« – entstehen feste oder
weiche, mehr elastische oder mehr
plastische Teige, und für jede Gebäck-
art gibt es bestimmte optimale Teig-
eigenschaften als Voraussetzung für
optimale Gebäckqualitäten. Beim
Backen im Ofen läßt der Kleber (auch
das eine seiner singulären Eigenschaf-

ten) das Wasser ganz allmählich frei.
Die Stärke – Hauptbestandteil des
Mehles – nimmt das Wasser auf, verkleistert und bildet das Gerüst, aus
dem die Brotkrume besteht.
Die Top-Stars unter den Weizen kommen aus Kanada und aus den USA;
die meisten deutschen Weizensorten
sind im Vergleich dazu gute Mittel-
klasse. Entscheidend ist nirgendwo die
absolute Menge des Eiweißes, sondern seine Befähigung, die eben ge-
schilderte Leistung zu bringen. Es gibt
bei uns und anderswo Weizensorten
mit durchaus hohen Eiweißmengen
(13% und mehr); da sie aber weder
die Wasserbindung noch die Wasser-
Freigabe so bewerkstelligen können,
wie das technologisch bei unseren An-
sprüchen an das Brot notwendig ist,
bezeichnet man sie als »nicht backfä-
hig« und disqualifiziert sie zwangsläufig zum Futterweizen – auch im Bezug
auf den Preis, den der Bauer dafür er-
löst.
Die Eiweißstoffe des Roggens können
keinen Kleber bilden – ein Roggenteig
sieht und fühlt sich deshalb auch ganz
anders an als ein Weizenmehlteig. Natürlich kann auch der Roggenteig
nicht auf einen Inhaltsstoff verzichten,
der Wasser bindet und in der Hitze
freisetzt: es sind dies hochmolekulare
Kohlenhydrate, die die Chemiker
Pentosane nennen. Sie übernehmen,
zusammen mit der Stärke, das Wechselspiel von Quellung und Gerüstbil-
dung, ohne allerdings die einmalige
Perfektion des Weizenklebers zu erreichen. Das ist einer der Gründe,
warum immer mehr handwerkliche
Bäcker – Profis! – das Roggenbrot-
Backen den Spezialisten überlassen.
Aber das soll Sie, geschätzte Roggen-

Back-Aspirantin, überhaupt nicht schrecken: Mary Hahn hat es Ihnen auf Seite 32 erzählt, wie man es machen muß, und Sie werden sehen, daß es eine ungeheure Befriedigung bedeutet, den Profis ein Schnippchen zu schlagen und – nun gerade! – mit eigenen Händen und mit dem hier in aller Ruhe erworbenen Wissen etwas zu backen, um das Sie Ihre Mitwelt beneidet und bewundert.

## Backmittel

Mehl, Wasser, Salz und Hefe: mehr braucht es nicht, um ein gutes Brot zu backen. Wenn der Bäcker dennoch seinen Teigen geringe Mengen »Backmittel« zusetzt, (Fettstoffe vorwiegend, Lecithin; etwas Zucker, Malzprodukte) dann tut er das, um natürliche Schwankungen der Mehlqualitäten auszugleichen, um bestimmte Kundenwünsche besser erfüllen und um individuelle Sortimente mit guter Frischhaltung anbieten zu können. Mit »Chemie« hat das ganz und gar nichts zu tun: Sie, verehrte Hausfrau, tun nichts anderes, wenn Sie, um die Teige besser zu machen (und sich die Arbeit zu erleichtern), ein bißchen Sahne oder Butter, ein Ei oder was auch sonst immer zu Hilfe nehmen.

## Hefe

Wenige Teilbereiche der Naturwissenschaften faszinieren und erschrecken zugleich den Laien so wie die geheimnisvolle Welt der Unsichtbaren: der Bakterien, der Hefen, der Schimmelpilze. Krankheitserreger gehören dazu, Produzenten gefährlicher Giftstoffe; aber auch die Mikroflora, die den Joghurt erzeugt und das Bier, die den Käse reifen läßt und den Sauerteig,

**Beim Typ Holländermühle wird nur die Haube mit dem Flügelkreuz in den Wind gedreht**

die den Teig locker macht und Fleisch zum Faulen bringen kann. Hefen gehören seit altersher zum Brot, aber dennoch gibt es eine »Bäckerhefe« im eigentlichen Sinne erst seit Anfang des 20. Jahrhunderts: seit man gelernt hatte, geeignete Stämme der Brauereihefe – lateinisch Saccharomyces cerevisiae – zu Preßhefe zu verarbeiten und sie damit im Teige richtig zu dosieren. Heute wird Hefe fast ausschließlich aus dem Rückstand der

**An die 1000 Tonnen Weizen kann diese moderne Großmühle täglich vermahlen. Der Betrieb läuft vollautomatisch.**

Rübenzuckerherstellung gewonnen, der Melasse. Man beginnt praktisch mit *einer* Hefezelle, setzt der Stammlösung Wuchsstoffe zu (Phosphate, Stickstoff-Verbindungen), läßt die Hefe unter Belüftung 10–15 Stunden sprossen und trennt sie in geeigneten Separatoren von der Nährflüssigkeit ab, in der sich zahlreiche alkoholartige Stoffwechsel-Produkte befinden (man riecht es, wenn man an einer Hefefabrik vorbeikommt). Diese Herkunft aus einer Alkohol-Brühe hat für unser Brot eine ganz große Bedeutung: Hefe lockert ja nicht allein den Teig, sie setzt auch Brot-Aroma frei und ist als Aroma-Bildner – trotz intensiver, jahrzehntelanger Bemühungen der einschlägigen Industrie – bis heute noch nicht zu ersetzen. Synthetisch-mineralisches Triebmittel plus synthetisches Brotaroma: man könnte viel Geld damit verdienen, aber es ist eine grausame Vorstellung ...

Hefe ist ein lebendiger Organismus, der bei bestimmten Temperaturen und in Anwesenheit von genügend Feuchtigkeit zu »leben« beginnt, sofern er als »Nahrung« ausreichende Mengen an Zuckern vorfindet. Den Zucker »verdaut« er nach der allgemeinen Formel

$$Zucker \rightarrow Kohlendioxyd + \text{Äthylalkohol}$$

in einem vielstufigen Gärungsprozeß, der auch heute noch den Chemikern in Details manches Rätsel aufgibt, und beides, Kohlendioxyd (oder »Kohlensäure«) und Alkohol, bilden Gärgase, die den Teig wachsen lassen, die – unter Mitwirkung des beim Kneten und »Durchstoßen« zugeführten Sauerstoffs – sein zartes, lockeres Gefüge bewirken, die die Poren fein, aber stabil, die Krume fest, aber elastisch machen.

Aber wir setzen dem Teig beim Brotbacken doch gar keinen Zucker zu? Stimmt – brauchen wir auch nicht. Mehl besteht vornehmlich aus Stärke. Mehleigene Enzyme spalten die Stärke über zahlreiche Zwischenstufen zu »gärfähigen« Zuckern – das reicht in den meisten Fällen aus für eine praktisch vollständige Versorgung der He-

**Aller Anfang ist – scheinbar – einfach: Mehl, Salz, Hefe, Backmittel, Wasser; ein paar Zwischenstufen des gärenden Teiges – und fertig ist das Brötchen**

fesubstanz. Allerdings müssen wir an eines immer denken: Hefe soll nur »leben«, wenn wir es wollen – d. h. wenn wir teigen und backen. In der Zwischenzeit lassen Sie die Hefe ruhen, am besten im Kühlschrank, und heben Sie angebrochene Päckchen überhaupt nicht, und frische Päckchen auch nur zwei bis drei Wochen auf. Auch gehört Hefe keinesfalls ins Gefrierfach!

## Sauerteig

Es gibt manche hübsche Illustrierten-Geschichten darüber, wie irgendwer im alten Ägypten zum ersten Male und sicher versehentlich einen Teig hat »sauer« werden lassen, wie er dennoch mutig (oder dumm?) genug war, das vergammelte Zeug wie üblich zu backen und wie er fand, daß das Ergebnis seiner Nachlässigkeit gleichwohl ein leckeres Gebäck darstellte. Lassen wir's dabei, und halten wir lediglich fest, daß die moderne Sauerteig-Technologie und -Produktion ein hohes Maß an Können und Wissen voraussetzt, um optimale Ergebnisse zu erzielen, daß es aber andererseits – meine romanischen Freunde aus den Weißbrotländern mögen es mir nachsehen – kaum ein aromatischeres, geschmackvolleres Brot gibt als ein gut gelungenes Sauerteig-Gebäck.

Selbst die gute Mary Hahn »schummelt« ein bißchen, da sie die Existenz des Sauerteigs für ihre Rezeptur einfach stillschweigend voraussetzt. »Man nehme« sagt sich leicht, aber wie steht es mit dem »Man mache«? Zunächst ist alles ganz leicht. Man gibt zu 500 g Roggenmehl 10–20 g Zucker, löst ein Päckchen Trockenhefe (schonend getrocknete Preßhefe; gibt es beim Bäcker zu kaufen, Verwendungsanweisung steht drauf) in einem Liter handwarmem Wasser auf und rührt das Mehl samt dem Zucker langsam hinein. Wenn man den Klumpen Brei einen bis zwei Tage zugedeckt stehen gelassen hat, hat man einen Ansatz, den man in allen Rezepten mit der Zutat »Sauerteig« einsetzen kann und der sich im Kühlschrank gut und gerne eine Woche hält. Und jetzt kommt die entscheidende Beobach-

tung. Wenn man von diesem Sauerteig einen Teil abnimmt und zu Brot weiterverarbeitet, dann kann man den Rest durch Zusatz von Mehl und Wasser wieder ergänzen und aktivieren und gewinnt auf diese Weise ein langfristig verfügbares, immer wieder ergänzungsfähiges, gärendes Brot-Triebmittel, das sich zusammensetzt aus ... ja – woraus setzt es sich denn nun eigentlich zusammen?

Aus Mehl natürlich, und Wasser; Hefen haben wir selbst auch zugegeben; doch die wesentlichen Inhaltsstoffe sind »Säurebildner«, im Mikroskop stäbchenförmig erscheinende Bakterien, die sich durch Spaltung vermehren und im Zuge ihres Stoffwechsels vorwiegend Milchsäure und Essigsäure bilden. Diese Säuerung ist nötig, um das Roggenmehl – das ja keinen »Kleber« besitzt – genügend quellfähig und damit lockerungsfähig zu machen, um die Tätigkeit spezieller Fermente des Roggenmehls richtig zu steuern, um die Entwicklung »wilder Hefen« zu bremsen und – wichtig! – um die bekannte kräftig-aromatische Säuerung zu bewirken, die Roggenbrot und Roggenmischbrot bei uns so beliebt machen.

Neben dem Sauerteig werden in Handwerk und Industrie »Teigsäuerungsmittel« verwendet, Backmittel aus den Sauerteig-Säuren und geeigneten Trägerstoffen, die das langwierige, zeitraubende Heranführen eines vollreifen Sauerteigs abkürzen, vereinfachen und die Säureentwicklung konstant halten sollen. Das ist, solange darunter Brotgeschmack und Brotaroma nicht leiden, sicher ein ganz und gar legitimes Verfahren, und ich habe nie den Streit so richtig begriffen, der sich – rund um die Emotions-Zentren »Natur« und »Chemie« – um diese Praxis hochgeschaukelt hat. Wir müssen uns am Schluß dieses Abschnitts noch ein paar Gedanken darüber machen.

## Andere Zutaten

Backpulver als Triebmittel für Brot: ich meine nein. Natürlich ist Backpulver, eine Mischung aus sauren Salzen und Natriumbicarbonat, ein vorzügliches Hilfsmittel zur Entwicklung von Kohlendioxyd in Teigen und Massen. Aber anders als Hefe und besonders Sauerteig kann Backpulver keinerlei Aroma-Bildungen bewirken oder auch nur auslösen; auch erhält man die richtige Geschmeidigkeit eines Backpulverteiges erst, wenn andere Zutaten: Ei, Fett, Zucker zugegeben sind. Natürlich kann man einen Teig aus 800 g Mehl und 200 g Margarine mit Backpulver rasch und mühelos im Mixer rühren (so schlägt es ein im Übrigen recht sympathisches Brot-Buch vor), aber: solch ein Teig ist ein Kuchen-Teig, kein Brot-Teig, und über die Benutzung eines Mixers für die Herstellung von Brot-Teig lesen Sie bitte gleich einmal auf Seite 60 nach.

Salz ist zum Brotbacken unerläßlich, auch wenn es erst kürzlich wieder in der Regenbogenpresse wegen seiner Verbindung zum Bluthochdruck eine gelbe Karte erhielt. Salz hat technologische Bedeutung: es festigt den Teig und strafft die Elastizität des Klebers, es fördert die Bräunung und verfeinert die Porung. Salz ist unverzichtbar als Würzmittel und Geschmacksbildner. Salz kann auch im Hefeansatz mitverwendet werden: das Salz-Hefe-Verfahren bremst die Abbauvorgänge

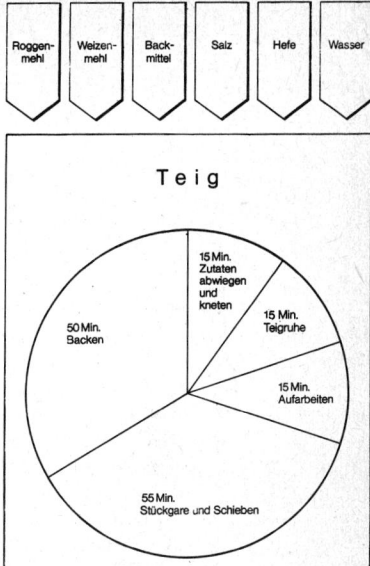

Die Übersicht zeigt, wieviel Zeit die einzelnen Arbeitsgänge der Teigbereitung dauern

während der Teigruhezeit. Und es gibt eine »Salz-Sauerführung«, der viele Bäcker einen fast unbegrenzten Qualitäts-Kredit einzuräumen bereit sind. Wasser schließlich ist eine ganz und gar problemlose Zutat – wenn dafür gesorgt wird, daß es frisch ist, geschmacksneutral, klar. Chlorhaltige oder sonstwie behandelte Wässer sind ganz und gar ungeeignet. Mineralwässer kann man im Haushalt benutzen. Manche Brotsorten werben mit dem Wasser einer berühmten Quelle oder eines bekannten Badeortes: das ist erlaubt, muß aber natürlich stimmen.

**51**

**Was noch vor der Praxis kommt:
Wissenschaft und Recht**

Sie werden es bemerkt haben, ganz so simpel, wie es die einfache Back-Formel »Mehl-Hefe-Salz-Wasser« erscheinen läßt, ist das Brotbacken nicht. Handwerk und Industrie brauchten und brauchen täglich mehr Informationen über das Verhalten der Stoffe, über ihre Zusammensetzung, ihre optimale Kombination und über die Risiken ihrer Verwendung. Sie sind auf der permanenten Suche nach neuen Verfahren, die zugleich besser und billiger sind, die eine sinnvolle Rationalisierung ermöglichen, Unsicherheiten beseitigen, Betriebsabläufe vereinfachen. Und schließlich standen und stehen sie ja im Dienste dessen, was wir Volksgesundheit nennen – einer statistischen Durchschnittsgröße, die kein Einzelner für sich besitzt, nach der sich alle aber irgendwie richten sollten.

Was Wunder, daß die Wissenschaft vom Brot eine Vielzahl von Einzeldisziplinen umfaßt: Chemie und Physik natürlich, Biologie; aber auch Bakteriologie und Verfahrenstechnik, Mikroanalyse und statistische Mathematik, Physiologie und Toxikologie, Botanik und Entomologie. Dutzende von Instituten in aller Welt beschäftigen hunderte von Wissenschaftlern mit Grundlagen-Arbeiten; die Industrie betreibt ihre eigene, dem individuellen Zweck angemessene Tagesforschung. Tausende von Meßgeräten sind tagein, tagaus damit beschäftigt, Produktion und Rohstoffe zu kontrollieren, Fehlerquellen zu entdecken, gute Produkte besser zu machen. Zweimal im Jahr ruft die Deutsche Landwirtschafts-Gesellschaft dutzen-de erfahrener Fach-Experten zusammen, um anläßlich der »DLG-Brotprüfung« die Qualität des Brot-Angebots kritisch zu würdigen. An der Bundesforschungsanstalt für Getreide- und Kartoffelverarbeitung in Detmold sind heute an die 150 Mitarbeiter damit beauftragt, Brot und Backwaren noch besser, noch bekömmlicher, noch ... preiswerter zu machen.

Ein Wort zu den Backmitteln und zum Dualismus Natur: Chemie. Natürlich ist es eine Binsenweisheit, daß in unserer computergesteuerten, ferngelenkten und medienbeherrschten Gegenwart der nostalgische Ruf des alten Rousseau einer verbreiteten und ernst zu nehmenden psychologischen Situation entspricht. »Zurück zur Natur« ist der Wunsch aller, die sich zwischen den streß-bedrohten geistigen Anforderungen unserer technisch kaum noch durchschaubaren Welt (wissen Sie, wie es der Computer macht, daß er Ihnen innerhalb von ein paar tausendstel Sekunden mitzuteilen vermag, der 26. April des Jahres 859 v. Chr. sei ein Freitag gewesen?) und der soziologischen Vereinsamung inmitten von Glitzer, Lärm, Firlefanz und Beton der Massengesellschaft nicht mehr zurechtfinden; und daß »Natur« eo ipso »gut« ist – wem kommen da schon Zweifel? So kann man es auch verstehen, wenn manche Leute unser modernes, zugegeben »hochtechnisiertes« Nahrungsmittel-Angebot irgendwie als »Un-Natur« betrachten und in Großmutters Zeiten zurückkehren möchten, mit all dem »Selbstgemachten«, das so köstliche schöpferische Gefühle in uns wach ruft (und so entsetzlich viel Zeit wegnimmt).

Über den Gegensatz von Natur und Chemie läßt sich trefflich lamentieren; er ist ein prachtvolles Vehikel beifallssicherer party-statements über unsere zum Untergang manipulierte Umwelt. Nur:

Brot wird von all dem nicht berührt.

Am besten lassen wir wieder einmal Tatsachen sprechen.

Mehl darf nur aus Getreide hergestellt werden, das den (sehr engen) Bestimmungen der »Höchstmengen-Verordnung Pflanzenschutz« entspricht. Mehl darf bei uns schon seit 1957 nicht gebleicht werden. Wer heute noch von hellen, »gebleichten« Mehlen spricht, lügt bewußt. Zusätze beim Backen, also auch die Backmittel, auch die vorhin genannten Teigsäuerungsmittel, unterliegen den Bestimmungen der Zusatzstoff-Zulassungs-Verordnung und der Zusatzstoff-Verkehrsverordnung. Einige wenige »Zusatzstoffe«, Lecithin beispielsweise, dürfen unbegrenzt und ohne Deklaration eingesetzt werden – sie sind den eigentlichen Lebensmitteln praktisch gleichgestellt. Andere wieder, z. B. bestimmte fettartige Emulgatoren, dürfen nur bis zu einer bestimmten Maximal-Dosis verwendet werden. Die Zulassung von Konservierungsstoffen im Brot ist eng begrenzt: nur Sorbinsäure und Propionsäure nebst einigen ihrer Salze sind in sehr beschränktem Umfang erlaubt.

Die Basis all dieser Bestimmungen sind EG-Verordnungen und nationale Bestimmungen, die laufend – und Sie dürfen mir glauben: mit teutonischer Gründlichkeit – auf ihre sachliche Vertretbarkeit vom Bundesgesundheitsamt überprüft werden. Das deutsche Lebensmittelrecht ist streng, eng, nur gelegentlich liberal, doch haben sich Handwerk und Industrie darauf eingestellt. Das Grund-Nahrungsmittel Brot ist wohlbehütet und wird perfekt kontrolliert; »Chemie« ist nicht beteiligt.

Natürlich ist Chemie ohne Gänsefüßchen mit am Werke. Aber das ist nun einmal so: Sie, geschätzter Leser, sind eben wie alle anderen Lebewesen auch ein Gemisch verschiedener chemischer Systeme, und davon macht Ihre Ernährung keine Ausnahme. Der (physiologische Organismus) Mensch ist Chemie, und er ißt Chemie.

**Zum Foto auf der nächsten Doppelseite: Ein kleiner Ausschnitt aus der Vielfalt heute gebackener Formen – gewiß auch eine Anregung für die »Hausbäckerei«**

# Praktische Bäckerei

Die Rohstoffe hätten wir jetzt also – es geht nun ans praktische Backen. Zwei Vorbemerkungen dazu müssen sein.

1. Verlag und Autor haben sich einige Gedanken gemacht über die Bücher, die zum Thema »Brotbacken« heute am Markt sind. Wir wollen ja nichts wiederholen, was anderswo schon, bisweilen brillant, dargestellt wurde. Wir wollen vielmehr neben die Freude am Brot das Wissen ums Brot stellen, wir wollen zeigen, wie etwas warum gemacht wird. Rezepte – anderswo in Hülle und Fülle dargeboten – sind für dieses Buch eigentlich nur das attraktive Vehikel. Unser Vehikel: Rezepte aus Schweden. Wir schlagen mit dieser einen Klappe die berühmten beiden Fliegen: wir bringen Rezepte, die für deutsche Leser und deutsche Back-Aspiranten neu sind und wir haben damit das »Skelett« für die Beschreibung und die Bewertung der einzelnen Verfahrensstufen. Wer sie beherrscht, könnte sogar eigene Rezepte entwickeln.

2. Auch das tägliche Brot unterliegt – wäre es anders, müßte man es ändern – bestimmten organisatorischen, begrifflichen Reglementierungen. Wir halten uns hier an die Definition, die die Deutsche Landwirtschaftsgesellschaft und die Bundesforschungsanstalt für Getreideverarbeitung in Detmold ausgearbeitet haben und nach denen man vier Haupt-Kategorien unterscheidet:

**Weizenbrot**
(mindestens 90% Weizen)

**Weizenmischbrot**
(mindestens 50% Weizen)

**Roggenmischbrot**
(mindestens 50% Roggen)

**Roggenbrot**
(mindestens 90% Roggen).

Jede dieser Hauptklassen enthält zahlreiche einander ähnliche Brotsorten: Toastbrot, Schrotbrot, Vollkornbrot zum Beispiel; insgesamt sind hier 28 Gebäcke aufgeführt. Es kommt eine breite Gruppe »Spezialbrote« hinzu; mehr darüber in Abschnitt „Das Brot-Sortiment" auf Seite 113

## Weißes Stangenbrot
(3 Brote – Foto Seite 59)
Weißbrot mit knuspriger Kruste. Den Teig muß man lange aufgehen lassen, und das Brot sollte am Backtag gegessen werden.

*25 g Hefe*
*1/2 l kaltes Wasser*
*2 TL Salz*
*750 g Weizenmehl*

**Zubereitung:** Hefe in einer Schüssel zerbröseln. Einen Teil des Wassers zugießen und umrühren, bis sich die Hefe löst. Das restliche Wasser, Salz und Mehl hinzufügen. Teig ca. 10 Min. von Hand oder 4–5 Min. mit Maschine verarbeiten. Schüssel mit Klarsichtfolie zudecken und bei Zimmertemperatur 4–5 Std. ruhen lassen. Teig auf den mit Mehl eingestäubten Backtisch stülpen und vorsichtig zu einem Rechteck formen.

Teig mit scharfem Messer in drei Teile schneiden und sie quer aufs Blech legen. Stangen evtl. leicht mit den Händen formen, ein bißchen Mehl darüberstäuben und ca. 20 Min. aufgedeckt aufgehen lassen. Ein paar Längsschnitte mit Rasierklinge machen und bei 225° 25–30 Min. backen. In den Backherd eine Tasse Wasser stellen!

## Geschnittenes Brechbrot
(1 Brot – Foto Seite 62)

*25 g Hefe*
*2 ¹/₂ dl Wasser*
*1 TL Salz*
*ca. 400 g Weizenmehl*

**Zubereitung:** Hefe zerkleinern und mit lauwarmem Wasser verrühren. Salz und Mehl hinzufügen. Teig geschmeidig verarbeiten und ihn zu doppelter Größe zugedeckt aufgehen lassen. Teig herausnehmen und zu einem langen, schmalen Brot verarbeiten. Diagonal auf ein Backblech mit Backblechpapier legen. Brot tief einschneiden und einen Teil nach rechts, einen Teil nach links usw. falten. Ca. 20 Min. zugedeckt aufgehen lassen. Bei 225° ca. 25–30 Min. backen.

## Italienischer Zopf – Foto Seite 63
(1 großes oder 2 kleinere Brote)

*50 g Hefe*
*¹/₂ l lauwarme Milch*
*1 EL Öl*
*2 TL Salz*
*ca. 800 g Weizenmehl*

**Zubereitung:** Die Milch erhitzen, das Öl hinzufügen und darauf achten, daß die Flüssigkeit 37° nicht überschreitet: sie soll handwarm sein. Hefe in einer Schüssel zerkleinern und mit einem Teil der Flüssigkeit verrühren. Salz, die restliche Flüssigkeit und fast alles Mehl hinzufügen. Den Teig geschmeidig verarbeiten und evtl. mehr Mehl dazugeben. Ca. 1 Std. zugedeckt aufgehen lassen. Teig auf den Backtisch legen und leicht kneten. In 2 Teile (für 1 großes Brot) oder in 4 Teile (für 2 kleinere Brote) teilen. Teig zu langen Broten formen. Wie einen einfachen Zopf umeinander wickeln. Ziemlich tief in die Mitte einschneiden und ca. 30 Min. zugedeckt aufgehen lassen. Bei 225° 10 Min. backen, danach auf 200° reduzieren und zusätzliche 40 Min. backen. Brot auf Gitter zwischen Tüchern abkühlen lassen.

## Verfahrensschritte

Erinnern wir uns an die Abbildungen auf der Seite 33 und die simple Aufteilung: Teig bereiten – Teig formen – Teig backen. Wollen wir wetten, daß die Dinge so simpel nicht sind?

## Teig bereiten

In Rezepten lesen wir wiederholt, daß die Hefe im Wasser sich lösen soll, wir erinnern uns an den Anfangsunterricht in Physik: corpora non agunt nisi soluta – nichts reagiert, es sei denn in gelöstem Zustand. Mit dem Lösen der Hefe (und des Salzes) und dem Verrühren des Mehls mit dem Wasser ist es indessen nicht getan. Jeder Brotteig muß entwickelt werden – Teigentwicklung gehört zum A und O jeglicher Backkunst. Denn was geschieht? Die Eiweißstoffe des Mehls (der »Kle-

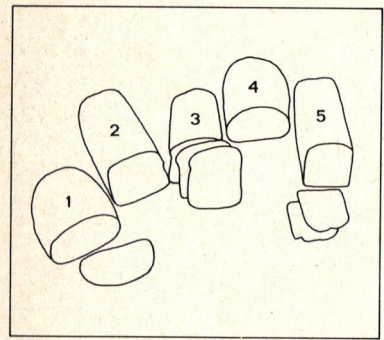

Von links nach rechts:
Roggenbrot (1)
Roggenmischbrot (2)
Weizenmischbrot (3)
Weizenbrot (4)
Roggenschrotbrot (5)

Weißes Stangenbrot: Rezept Seite 56

ber«, international meist »Gluten« genannt) nehmen das Wasser auf, binden es und formen dank ihrer besonderen, von Sorte zu Sorte unterschiedlichen »Qualität« jenes plastisch-bewegliche, elastisch-dehnbare Produkt, das wir Teig nennen. Früher geschah das von Hand; heute benutzt die Hausfrau Küchenmaschinen und der Bäcker spezielle Knetmaschinen. Deren Vielzahl ist imponierend – kein Wunder bei über 200 Brotsorten in unserem Lande. Da gibt es langsam laufende »Drehhebel-Knetmaschinen« mit nur 20 Hüben pro Minute; die Knetzeit liegt dann bei bis zu 20 Minuten und mehr. Und da gibt es – nach allen möglichen Zwischenstufen – die neuzeitlichen, rasanten Mixer: sie machen 1500 und mehr Umdrehungen pro Minute, und der Teig ist innerhalb von 60–90 Sekunden fertig. Unterschied: das Gebäck aus dem Mixer-Teig wird viel größer, voluminöser als das »klassische«, eben weil die Teigentwicklung sich sehr viel vollständiger dem Ideal-Zustand genähert hat. Auch ist es beim langsamen Kneten ziemlich egal, ob Sie 15 Minuten oder 20 Minuten kneten. Aber kneten Sie einmal im Mixer statt 60 Sekunden 120 Sekunden: der Teig kann nahezu unbrauchbar werden, er klebt in den Maschinen (und an den Händen noch viel stärker) oder läuft gar, flüssig geworden, davon.

Die Teigtemperatur soll bei normaler Knetung, bis zu etwa 100 Upm, am Ende des Knetens 24–25 ° C betragen. Man hält sich an dieses Limit, um die Hefegärung (noch) nicht zu stark anzuregen, um nicht schon beim Kneten das vorwegzunehmen, was während der Teiggärung vor sich geht: das Aufquellen unter dem Innendruck der von der Hefe produzierten Gärgase. Im Mixer liegt die Endtemperatur nach dem Kneten eher bei 30 ° C und darüber: daß man dennoch aus solchem Teig ein gutes Brot und schmackhafte Brötchen erhält, liegt an den relativ kleinen Teigmengen und daran, daß man hier meist nur mit ganz kurzer »Teigruhe« arbeitet und die »Gärtoleranz« keine Rolle spielt. Keine Angst vor neuen Begriffen. Während der Teigruhe kommt die Hefe ins Spiel. »Ernährt« von den Zuckerstoffen des Mehles bildet sie die Gärgase, die das Teigstück, einem Luftballon ähnlich, »aufgehen« lassen, sein Volumen erhöhen, es spezifisch leichter, lockerer machen und – und das ist ein ganz entscheidender Vorgang – jenen Spannungszustand zwischen feiner Porenstruktur und elastisch-fester Konsistenz herbeiführen, den man als Teig*reife* bezeichnet. Zwischen Hefemenge, Teigtemperatur, Knetzeit und Knetintensität haben Wissenschaftler und Praktiker ziemlich präzise Wechselbeziehungen ermittelt. Je höher die Hefemenge, je intensiver die Knetung, um so kürzer kann (muß) die Teigruhe sein; je weniger Energie man in einen gärenden Teig hineingibt, so länger muß man warten, bis er zu voller Reife entwickelt ist. Deshalb müssen Teige aus »starken« Mehlen mit mehr Hefe und mit intensiverer Knetung »geführt« werden als solche aus schwächeren, und deshalb muß man sich bei höheren Teigtemperaturen mit der Weiterverarbeitung beeilen. Schließlich ist die Teigruhe auch noch von der Teigfestigkeit abhängig, also vom Verhältnis Mehl zu Wasser: je weniger Wasser ein Teig enthält (je fester er ist), um so kürzer soll die Teigruhezeit sein. Will man weiche Teige dennoch nur kurze Zeit ruhen lassen, muß man zum Ausgleich dafür die Knetintensität erhöhen.

Wir haben uns mit der Teigruhe relativ ausführlich beschäftigt, um Ihnen, geschätzte Leserin, zu zeigen, daß und wie man einen Teig »ausbalancieren« kann, wenn einmal nicht alles so läuft, wie es vorgesehen war. Viel mehr Theorie sollte es gar nicht sein.

Zur Gärtoleranz kommen wir gleich – dazu sehen wir uns erst einmal die nächsten drei Rezepte an:

## Franzosenbrot
(1 Brot – Foto Seite 66)

1. Tag: *90 g Grahammehl (Weizen-Vollmehl),*
*2 l kochendes Wasser*

**Zubereitung:** Das Mehl in eine Schüssel legen und kochendes Wasser darübergießen. Zu einem Teig verarbeiten, mit Klarsichtfolie zudecken und 24 Std. ruhen lassen.

2. Tag:
*25 g Hefe*
*2 dl lauwarmes Wasser*
*$^1/_2$–$^3/_4$ EL Salz*
*ca. 400 g Weizenmehl*

**Zubereitung:** Hefe in einer Schüssel zerbröseln, lauwarmes Wasser darübergießen und umrühren, bis sich die Hefe löst. Salz, die Grahammischung vom vorhergehenden Tag sowie ca. 400 g Mehl zufügen. Teig geschmeidig verarbeiten und evtl. mehr Mehl hinzufügen. Ca. 1 Std. zugedeckt aufgehen lassen. Teig zu einem ovalen Laib ausrollen und auf ein mit Backblech-

papier bedecktes Backblech diagonal legen. Ca. 1 Std. zugedeckt aufgehen lassen. Bei 200° ca. 35–40 Min. backen und unter Tuch auf Gitter abkühlen lassen.

## Landrolle
(1 Brot – Foto Seite 67)

*25 g Hefe*
*3 dl lauwarmes Wasser*
*1 TL Salz*
*30 g Grahammehl (Weizen-Vollmehl)*
*ca. 450 g Weizenmehl*

**Zubereitung:** Hefe in einer Schüssel zerkleinern und mit ca. 1 dl des Wassers verrühren. Das restliche Wasser, Salz, Grahammehl und das meiste Weizenmehl hinzufügen. Teig geschmeidig verarbeiten. Wenn der Teig klebt, evtl. mehr Mehl hinzufügen. Ca. 3 Std. bei Zimmertemperatur zugedeckt aufgehen lassen. Teig auf den Backtisch legen, durchkneten und zu einem Fladen (15 × 40 cm) ausrollen. Teig von der Längsseite zusammenrollen. Die Rolle als runden Kranz auf Backblech mit Backblechpapier legen. Ca. 30 Min. aufgehen lassen. Brot an der Oberfläche mit Rasierklinge ca. 1 cm tief einschneiden. Bei 225° ca. 10 Min. backen, mit Wasser überpinseln und das Brot in abgeschaltetem Ofen ca. 30 Min. fertig backen.

Das Brot bekommt eine knusprige Oberfläche und schmeckt am ersten Tag am besten.

Geschnittenes Brechbrot: Rezept Seite 57

Italienischer Zopf: Rezept Seite 57

## Landbrot
(2 Brote – Foto Seite 70)

*120 g Weizenschrot*
*2 dl Wasser*
*2 dl Milch*
*50 g Hefe*
*2 TL Salz*
*ca. 500 g Weizenmehl*
*Einige Eßlöffel Weizenschrot zum Rollen des Teigs*

**Zubereitung:** Das Weizenschrot 15 Min. langsam zugedeckt im Wasser kochen und die Mischung abkühlen lassen, bis sie lauwarm ist. Hefe in lauwarmer Milch verrühren, Salz, die Weizenschrotmischung und soviel Mehl hinzufügen, daß der Teig geschmeidig wird. Ca. 45 Min. zugedeckt aufgehen lassen. Teig durchkneten, zu zwei Laiben formen, in Weizenschrot rollen und ca. 20 Min. zugedeckt aufgehen lassen. Bei 225° ca. 25 Min. backen.

## Teig formen
Am Ende der Teigruhe wird der Teig »durchgestoßen«, erhält seine endgültige Form und wird dann auf »Stückgare« oder auf »Endgare« gesetzt. Wir könnten uns nun mit einem Schwall von Fach-Chinesisch über »direkte« und »indirekte« Teigführungen auslassen, über Vorteige und ihren Zusammenhang mit der Qualität des Mehls, über die geeigneten Hefemengen und die Dauer der Stückgare. Die Fachleute haben darüber manches kluge Buch geschrieben, und wenn Sie einmal in eine Diskussion unter Back-Experten über die vielen Tricks und Schliche, über die theoretischen Erwägungen und die praktischen Ansprüche dieser verschiedenen Verfah-

rensschritte geraten sollten, behalten Sie kühles Blut: das sind, wenn sie nicht gerade über dieses Thema streiten, durch und durch friedliche Menschen, und Könner obendrein.
Für uns sind nur ein paar Grund-Ansichten wichtig. Hefe braucht, wie alle anderen Lebewesen auch, Sauerstoff für ihre Entwicklung und für ihren Stoffwechsel. Wenn nun während der Teigruhe die Menge des von ihr gebildeten Kohlendioxyd zunimmt, wird dadurch zwangsläufig die Menge des zur Verfügung stehenden Luftsauerstoffs kleiner und es kommt zu einem Gleichgewicht, ja zu einem Stillstand, da Alkohol und Kohlendioxyd den Kontakt der Hefezellen mit dem Sauerstoff blockieren.
Was tun? Die eine Möglichkeit ist das »Durchstoßen«, also das erneute Schlagen, Pressen und Kneten des Teigstückes mit der Hand, »Teig geschmeidig verarbeiten« in unseren schwedischen Rezepten. Die andere ist die »indirekte Führung«: das allmähliche Zufügen weiterer Mengen Mehl und Wasser zum »Vorteig«: die Hefe erhält neue Nahrung und neuen Sauerstoff. In Rezept 3 war schon die Rede davon, in Rezept 4 und 5 klingt es an. Das »Brühstück« der Rezepte 4 und 6 ist nichts wesentlich anderes. Der Bäcker arbeitet bei Schrotbroten – das sind Brote, bei denen das Mehl teilweise oder ganz durch grobes »Schrot« ersetzt ist – gern mit einem Brühstück, da unter der Einwirkung des heißen Wassers die Stärke teilweise verkleistert und die Wasseraufnahme erhöht wird: das verbessert Schnittfestigkeit und Geschmack.
Und die Gärtoleranz? Sehen wir uns noch einmal die Rezepte an. Die Zei-

ten für das (aufgedeckt oder zugedeckt) »aufgehen lassen« schwanken zwischen 20 bis 30 Minuten und einer Stunde. Beim Bäcker, der sich mit einer Fülle verschiedener Gebäcke auseinanderzusetzen hat, sind diese Zeiten bisweilen – auch im Hinblick auf die Arbeitsökonomie des Betriebs – erheblich länger. Trotzdem darf natürlich das Brot nicht mißlingen, und die letzten Brötchen müssen so gut wie die ersten sein. Der Bäcker sucht daher aus sehr plausiblen Gründen nach Mehlen, deren Teige »warten können«, und nach Hilfsstoffen, die diese »Gärtoleranz« verlängern und stabilisieren. Gärtolerant ist ein Teig also dann, wenn er die erreichte Teigreife über einen längeren Zeitraum zu halten vermag, ohne daß am fertigen Gebäck irgendwelche Mängel auftreten. Ein junger Teig besitzt keine Gärtoleranz. Für die Haus-Bäckerei – die ja ohne sorgfältige Einhaltung der vorgeschriebenen Rezepte mehr ein Hochseilakt als ein Herstellungsprozeß wäre – bilden diese Überlegungen lediglich den Hintergrund, das sichere Gedanken-Fundament sozusagen für eine problemlose praktische Arbeit. Halten wir nur fest, daß für eine längere Gärtoleranz die Teigtemperaturen niedrig und die Teige selbst nicht zu fest sein sollten. Eine hohe Gärtoleranz ist besonders bei feinporigen (Weizen-)Broten notwendig, aber auch hier ist man bezüglich der Stückgare oft zu einem Kompromiß gezwungen: lange Stückgare-Zeiten vermögen zwar die Volumina zu erhöhen, beeinträchtigen indessen nicht selten die Schnittfestigkeit. Was man tun soll? Ich meine, Qualität geht immer vor Volumen.

Noch ein anderer Begriff ist, in Zusammenhang mit Brot, bis in die Verbraucher-Presse vorgedrungen: Gärunterbrechung. Dies ist eine Maßnahme, die weniger technologische als arbeitstechnische und arbeitsphysiologische Gründe hat: Man friert das Teigstück ein, um es erst zu passender Zeit weiterzuverarbeiten. Ein gefrosteter Teig ist natürlich jederzeit in seiner ursprünglichen Beschaffenheit verfügbar – das erleichtert die Planung und erspart Nachtarbeit. Längeres Frosten wird nur als Konservierungsmaßnahme bei fertigen Gebäcken benutzt. Gärverzögerung (Kühltemperatur 2–4° C) beendet die Hefetätigkeit, hält aber die Enzyme (beschränkt) aktiv. Gärunterbrechung (minus 18° C) stoppt beides. Die Gebäcke werden nach dem Formen direkt in das Gerät gegeben; ein vorzuprogrammierender Mechanismus sorgt für die richtige Teigreife beim Entleeren der Apparatur.

Was der Vorteig bei Weizenteigen oder das Brühstück bei Schrotteigen, ist der Sauerteig bei roggenhaltigen Teigen. Dazu sehen wir uns zunächst die nächsten Rezepte an:

## Geschlagenes Sauerteigbrot
(1 Brot – Foto Seite 71)

Kräftiges, ein bißchen hartes, aber haltbares Brot, das sowohl am Morgen als auch am Abend vor dem Backtag vorbereitet werden muß. Es schmeckt in dünnen Scheiben am besten, nachdem es mindestens 24 Std. nach dem Backen geruht hat.

### Zubereitung:

Morgen des 1. Tages
Sauerteig vom Bäcker

Franzosenbrot: Rezept Seite 61

Landrolle: Rezept Seite 61

25 g Sauerteig mit 2 dl lauwarmem Wasser verrühren, 200 g feines Roggenmehl einrühren und mit Klarsichtfolie überdecken. In der Küche ca. 24 Std. stehen lassen.
Abend des 1. Tages:
2 dl kochendes Wasser auf 100 g feines Roggenmehl gießen, vermischen, mit Klarsichtfolie zudecken und in der Küche ruhen lassen.

2. Tag:
Den Sauerteig, den Brühteig, 2 TL Salz, 15 g Hefe, evtl. $^1/_2$ EL Kümmel und ca. 450 g Mehlmischung (60% Weizen, 40% Roggen) oder Weizenmehl Reform mit Keim (im Reformhaus erhältlich) kräftig verarbeiten. Ca. $^1/_2$ Std. zugedeckt aufgehen lassen. Teig zu einem Brot auskneten. Das Brot entweder auf dem Backblech oder in einem mit Mehl eingestäubten Korb 45 Min. bis 1 Std. aufgehen lassen. Das Korbbrot aufs Blech stülpen, mehrmals einstechen und bei 250–200° ca. 1 Std. backen. Das Brot in einem Backtuch eingewickelt abkühlen lassen und erst nach 24 Std. schneiden.

## Korbbrot – Foto Seite 74
Haltbarer Sauerteiglaib, wobei der Korb zum Gären dient.

1. Tag:
25 g Sauerteig mit 2 dl lauwarmem Wasser (40°) verrühren. 250 g grobes Roggenmehl hinzufügen. Mit Klarsichtfolie zudecken. Schüssel bei Zimmertemperatur 24 Std. ruhen lassen.

2. Tag:
Den Sauerteig in eine größere Schüssel geben und Teig mit 4 dl lauwarmem Wasser, 15 g Hefe, 2 EL Öl und 2 TL Salz vermischen. Ca. 500 g gesiebtes Roggenmehl einarbeiten. Teig geschmeidig verarbeiten und ca. 30 Min. zugedeckt aufgehen lassen. Teig auf dem Backtisch kneten und zu einem runden Laib formen. Laib in einen mit Mehl eingestäubten Korb oder auf ein mit Backblechpapier bedecktes Backblech legen. Ca. 30 Min. zugedeckt aufgehen lassen. Korbbrot vorsichtig aufs Blech stülpen. Bei 250–200° ca. 50–60 Min. backen.

## Sauerteiglaib
(1 Brot – Foto Seite 75)

1. Tag:
*25 g Sauerteig*
*2 dl lauwarmes Wasser (40°)*
*150 g Mehlmischung (60% Weizen, 40% Roggen)*
**Zubereitung:** Hefe in einer Schüssel zerkleinern. Mit Wasser verrühren. Mehl hinzufügen. Schüssel mit Klarsichtfolie bedecken und 24 Std. in der Küche ruhen lassen.

2. Tag:
*Sauerteig*
*2 TL Salz*
*15 g Hefe*
*1 EL Öl*
*3 dl Wasser*
*650–700 g Mehlmischung (60% Weizen, 40% Roggen)*
**Zubereitung:** Den Sauerteig mit Salz, Öl, lauwarmem Wasser und ca. 650 g des Mehls zusammenrühren. Teig verarbeiten und zugedeckt ca. 1 Std. aufgehen lassen. Teig zu einem ovalen oder runden Laib formen. Auf ein mit Backblechpapier bedecktes Backblech legen. Mehrmals einstechen und ca. 30 Min. zugedeckt aufgehen lassen. Ca. 40–50 Min. bei 230–200° backen.

**Sauerteig**

Wenn wir zurückblättern auf Seite 34, dann finden wir dort eigentlich alles, was man vom Sauerteig wissen muß. Und wir erinnern auch noch einmal an die Mahnung, in der Haus-Bäckerei die vorgegebenen Rezepte genau zu beachten und die Arbeitsbedingungen strikt zu befolgen. Tun wir das, kann auch im Hause das Backen mit Sauerteig durchaus zu einem stark applaudierten Erfolgs-Erlebnis werden. Der Bäcker indessen, und noch weniger die Brotfabrik, kann das Sortiment nicht auf einem so relativ simplen Führungsschema aufbauen, wie es die Rezepte 7, 8 und 9 beschreiben. Einige wenige Fakten wollen wir also festhalten.

Zunächst ist es bei uns üblich – und im Hinblick auf die Roggen-Qualitäten und die Verbraucher-Ansprüche an die Bißfestigkeit einer Scheibe Roggenbrot auch notwendig –, etwa 40–50% des eingesetzten Roggenmehles zu »versäuern«. Beim »Heranführen« des Sauerteigs muß man wissen, daß hohe Temperaturen (über 30°) die Säurebildung beschleunigen, niedrige (um 25°) sie verzögern. Warme »Anstell«-Teige fördern die Bildung von Milchsäure: das gibt eine milde Geschmacksrichtung. Bei tieferen Temperaturen entsteht vorwiegend Essigsäure (auch die Hefen vermehren sich dann besonders rasch) – das führt zu kräftigen sauer-aromatischen Geschmacksrichtungen.

Hält man schließlich den Sauerteig zu fest, dann dauert es eben länger, bis er das Säuerungs-Optimum erreicht.

Die Praxis kennt nun zahlreiche Verfahren, deren Namen Sie wenigstens kennen sollten, wenn auf Ihrer nächsten Brot-Party Ihr Selbstgebackenes gelobt wird und zufällig ein Fachmann dabei ist.

● Bei der dreistufigen Sauerteigführung unterscheidet man zwischen Anfrischsauer, Grundsauer und Vollsauer; sie ist das non plus ultra der Roggenbrotbäckerei, auch heute noch.

● Die zweistufige Sauerteigführung verzichtet auf die Anfrisch-Stufe mit ihrer Hefevermehrung; Arbeitseinsparung wird möglich.

● Die Detmolder Einstufenführung läßt innerhalb von 20 Stunden nach einem genauen Plan für Anstellmengen und Teigtemperaturen einen Sauerteig entstehen, aus dem im Laufe des Tages mehrere Teige bereitet werden können.

● Das Monheimer Salz-Sauer-Verfahren ist eine einstufige Führung, die die Bremswirkung von Salz auf den Eiweißabbau ausnutzt und bei Temperaturen von 35–36°C und weichen Teigen (1 Teil Wasser auf 1 Teil Mehl) ein sehr günstiges Verhältnis der Sauerteigsäuren herbeiführt. (Übrigens: das Verhältnis von Milchsäure zu Essigsäure liegt üblicherweise zwischen 5:2 und 6:2).

● Die Berliner Kurzsauerführung braucht eine Reifezeit von nur 3 Stunden bei 35°C.

Warum man den ganzen Aufwand mit der Sauerteigführung auf sich nimmt? Nun, zunächst einmal gibt es kein anderes technologisches Verfahren, das mit der gleichen Sicherheit gute Roggenbrote produziert. Sodann entstehen beim langsamen Heranreifen eines säuernden Teiges eben jene attraktiven Geschmacksrichtungen, die

**69**

Landbrot: Rezept Seite 64

Geschlagenes Sauerteigbrot: Rezept Seite 65

dem deutschen Brot seine charakteristische Eigenart verleihen. Aber das ist – natürlich – nicht auf unser Vaterland beschränkt. Eine gute baguette hat einen Sauerteig zur »Mutter«! Und damit sind wir beim Brotgeschmack. Doch davon ein wenig später – noch haben wir ja das Brot nicht gebacken. Betrachten wir also unsere letzten drei Rezepte.

## Einfaches Mischbrot
(1 Brot – Foto Seite 78)

*50 g Hefe*
*6 dl lauwarmes Wasser*
*1 dl Zitronensaft*
*1–2 TL Salz*
*1 TL Zucker*
*ca. 450 g feines Roggenmehl*
*ca. 450 g Weizenmehl*

**Zubereitung:** Hefe zerkleinern und mit einem Teil des lauwarmen Wassers verrühren. Salz, Zucker, Zitronensaft und das restliche Wasser hinzufügen. Das Roggenmehl einkneten und so viel Weizenmehl hinzufügen, daß der Teig ziemlich fest wird. Teig ca. 1 Std. zugedeckt aufgehen lassen. Teig auf dem Backtisch verarbeiten, evtl. mehr Weizenmehl hinzufügen und zu einem runden Laib formen. Die Oberseite in Mehl tauchen und Laib auf ein mit Backblechpapier bedecktes Backblech legen. Karomuster mit sehr scharfem Messer einschneiden. Teig zusätzlich ca. 30 Min. aufgehen lassen. Bei 200° ca. 45 Min. backen.

## Fridas Landbrot
(2 Brote – Foto Seite 79)

*50 g Hefe*
*¹/₂ l lauwarmes Wasser*
*1 EL Öl*
*2 TL Salz*
*1 dl Weizenkleie*
*350 g Weizenmehl Reform mit Keim*
*(im Reformhaus erhältlich)*
*350 g Weizenmehl (evtl. mehr Weizenmehl zum Auskneten)*

**Zubereitung:** Hefe zerbröseln und mit einem Teil des Wassers verrühren. Das restliche Wasser, Öl, Salz, Weizenkleie, Weizenmehl Reform sowie Weizenmehl hinzufügen. Teig geschmeidig verarbeiten und mehr Weizenmehl hinzufügen, wenn der Teig klebt. 1 Std. aufgehen lassen. Zu zwei prallen Laiben ausrollen. 20 Min, zugedeckt auf dem Backblech aufgehen lassen. Mit Rasierklinge eine ca. 1 cm tiefe Kerbe das ganze Brot entlang einschneiden. Bei 225° ca. 30 Min. backen

## Dreikornbrot
(2 Laibe – Foto Seite 82)

Ein Teil des Teiges soll am Tag vor dem Ausbacken zubereitet werden.

Zutaten:
*25 g Hefe*
*2 dl lauwarmes Wasser*
*200 g Mehlmischung (60% Weizen, 40% Roggen)*
*³/₄–1 dl Leinsamen*
*1¹/₂ dl Wasser*
*1 EL Öl*
*3 dl Wasser*
*1¹/₂ TL Salz*
*ca. 600 g Mehlmischung*
*1 dl Sesamsamen*
*1 dl Haferflocken*

1. Tag:
Hefe mit 2 dl lauwarmem Wasser und
200 g Mehl verrühren. Schüssel zudecken und bei Zimmertemperatur
mindestens 24 Std. ruhen lassen. Lein-
samen· in 1¹/₂ dl Wasser einweichen
und über Nacht oder wenigstens 2 Std.
ruhen lassen.

2. Tag:
1 EL Öl und 3 dl Wasser bis 37°
(handwarm) erhitzen. Salz, die Hefe-
mischung, die Leinsamen, die Haferflocken sowie das Mehl hinzufügen.
Teig zusammenkneten und ca. 45
Min. zugedeckt aufgehen lassen. Zu
zwei ovalen Laiben auskneten, evtl.
mehr Mehl hinzufügen. Mit Milch
überpinseln und Laibe im Sesamsamen rollen. Ca. 30 Min. zugedeckt
aufgehen lassen. Bei 225° 45–50 Min.
backen.

## Teig backen

Brot, wir wissen es, wird schon seit
Jahrtausenden gebacken. Es gibt also,
seit Jahrtausenden, Backöfen, und die
Geschichte des Backens ist auch eine
Geschichte der Backöfen*. Wir wissen, wie weit man im alten Ägypten,
im alten Rom, schon gewesen ist.
Auch bei uns begann es mit dem
Backherd – man findet ihn in ländli-
chen Gegenden sogar noch bis in unsere Tage, während der Stufenofen
seine Rolle als Backofen schon lange
ausgespielt hat. Später entwickelte
sich der freistehende (Kuppel-)Back-
ofen und vermutlich etwa gleichzeitig
der Vorgänger unserer heutigen handwerklichen Bäckereien, das Backhaus
in vielen verschiedenen, funktionell
allerdings gleichartig organisierten
Formen. Am Back-Prinzip hatte sich

**Ein alter deutscher Steinofen – heute
so funktionstüchtig wie ehedem**

bis dahin nichts geändert: dem Aufheizen des Ofens folgte das Ausräu-
men der Glut, das Einbringen der
Teigstücke und das Herausnehmen
der fertig gebackenen Brote. Erst das
Heizrohr brachte den technischen
Durchbruch.

---

\* Blümel und Boog aus dem Hause
WP haben für das Deutsche Brotmuseum, Ulm, »5000 Jahre Backofen« beschrieben. Der technisch
Interessierte findet dort eine impo-
nierende Fülle anregender Einzel-
heiten.

**73**

Korbbrot: Rezept Seite 68

Sauerteiglaib: Rezept Seite 68

Es ermöglichte durch die Trennung der Räume für das Heizen und für das Backen erstmalig eine kontinuierliche Arbeitsweise und schuf so die Voraussetzungen für den neuzeitlichen, sauberen und hygienischen Backbetrieb.

Natürlich haben sich bis zum heutigen Tage die Ausführungen zum Teil ganz gewaltig verändert und verbessert. Neben dem Heizmedium Dampf gibt es den elektrischen Strom, gibt es Gas und vor allem Öl; aus eingeschossigen wurden mehrgeschossige (Etagen)-Öfen, dem Chargenbetrieb stellte die Industrie den kontinuierlichen Dauerbetrieb an die Seite. Moderne Großanlagen schaffen heute pro Anlage etwa 2000 kg Brot in einer Stunde; pro Schicht sind drei Mitarbeiter beschäftigt. Eine solche Anlage kostet – ohne Gebäude – rund 2,5 Millionen DM. Sie benötigt zum Betrieb knapp 200 kW Strom und gut 220 l Öl pro Stunde.

Natürlich ist auch das Backen kein so simpler Vorgang, wie er aus der einfachen Arbeitsfolge – Einschieben in den Ofen, Herausnehmen aus dem Ofen – vermutet werden könnte. Das allmähliche Aufheizen des Teigstükkes durchläuft ja die ganze Temperaturskala, auch wenn die hohe Ofenhitze – sie liegt bei Weizenbrot und Kleingebäck bei 220–240°C, geht bei Mischbrot bis 250°C und kann bei Roggenbrot 270°C erreichen – den ersten Temperaturanstieg sehr steil werden läßt. Zwischen 30 und 60°C beginnt der »Ofentrieb«, die Gase dehnen sich aus, blähen das Teigstück auf. Bei 50°C beginnt die Roggenstärke zu verkleistern, bei 60°C die Weizenstärke. Zwischen 50 und 60°C stirbt die Hefe ab, einige Enzyme werden inak-

tiv, bei 70°C gerinnt das Eiweiß, bei 80°C gibt es kaum noch aktive Enzyme, bei 90°C auch keine Schimmelpilze mehr. Zwischen 90°C und 100°C ist die Verkleisterung beendet, über 100°C karamelisieren die Zuckerstoffe, es bilden sich Dextrine, Röststoffe, Farbstoffe. Die Krume erreicht nie Temperaturen über 100°, die Kruste wird bis zu 150–160° heiß. Dies alles geschieht innerhalb von ca. 20 Minuten bei Brötchen, innerhalb von einer Stunde bei Roggenbrot. Im Ergebnis hat sich ein Klebergerüst und ein Stärkegerüst gebildet, wobei der Verkleisterungsgrad bei Brot etwa 70–80% erreichen kann.

**Friesischer Backherd mit Fußgrube, um 1840**

Wichtig für den Brotverzehr ist die Bildung von Aroma- und Geschmacksstoffen im Bereich der Kruste. Die Chemiker haben weit über 100 einzelne Substanzen aus der Kruste frischen Brotes isoliert und identifiziert, ohne daß es bisher gelungen wäre, ein »synthetisches« Brotaroma zu entwickeln, das dem natürlichen auch nur nahe kommt. Wenn Sie sich erinnern, wie stark der köstliche Duft einer Backstube Ihre Kaufentschei-

**Moderner Etagen-Backofen**

dungen im Bäckerladen zu erleichtern vermag, dann glauben Sie mir sicher: dem ersten, der diese Aufgabe löst, ist eine goldene Nase und der Bäcker-Verdienstorden gewiß.

Eine Stunde Backzeit bei Roggenbrot: das kostet natürlich viel Geld. So hat es nicht an Versuchen gefehlt, schneller, intensiver, kürzer zu bak-

Einfaches Mischbrot: Rezept Seite 72

Fridas Landbrot: Rezept Seite 72

ken. Mit Infrarot zum Beispiel, mit Mikrowellen, mit Hochfrequenz. Technisch geht das alles, aber die Brote verloren an Aroma und Frische, der Verbraucher wollte wenig von ihnen wissen. Am weitesten hinsichtlich der Kostensenkung kommt man noch, wenn man die Dampfmenge im Ofen (sein »Klima«) optimal dosieren kann. Doch hier ist eine Bemerkung geboten. Sicher sucht jedermann nach kostengünstigen Produktionsmethoden: das gilt für den kleinen Bäcker an der Ecke wie für VW oder Siemens. In der Tat hat man vor allem in den angelsächsischen Ländern Verfahren ersonnen, wie man die Teigruhezeiten kürzen (bis zum »no-time-dough«) und die Backzeiten reduzieren kann. Selbst an Extruder denkt man, Lochdüsen-Geräte wie zum Beispiel der Fleischwolf. Technisch, es sei wiederholt, ist vieles machbar; allein das Brot bliebe auf der Strecke. Wir kämen dann genau zu jenem »cotton feeding« (Watte-Fressen), mit dem man das amerikanische Brot (nicht immer ohne Grund) vergleicht und das das Ende unseres köstlich-reichen, aromatisch-frischen, so wohltuend belebenden Brot-Sortiments wäre.

## Konservierung, Frischhaltung, Haltbarkeit

Daß die Verwendung chemischer Konservierungsmittel bei Brot und Backwaren auf die Propionsäure und die Sorbinsäure und ihre Salze und auch nur auf wenige, spezielle Fälle (verpacktes Schnittbrot), beschränkt ist, wissen wir bereits seit Seite 53. Für die meisten Verbraucher klingt das durchaus positiv, und nur Phantasten werden hier eine vollständige Abstinenz verlangen wollen. Auf den zweiten Blick indessen werden Probleme wach. Aufgabe der chemischen Konservierungsmittel ist die Bekämpfung der Schimmelpilze. Die bilden, wie man seit gut 20 Jahren weiß, hochgiftige Substanzen, deren bekannteste die Aflatoxine sind (sie sind bei Aspergillus flavus zuerst beobachtet worden). Brot und Backwaren sind anfällig für Schimmel. Hygiene bei der Produktion, Hygiene beim Transport, Hygiene bei der Aufbewahrung von Brot sind also unwiderlegbare und unbestrittene Forderungen der Öffentlichkeit – und des Gewerbes. Alternativen zur Propionsäure, zur Sorbinsäure gibt es (noch) nicht, Herausschneiden der von Schimmel befallenen Teile genügt nur selten. Nun soll – Berufs-Verbraucher wünschen das – auch die Propionsäure die rote Karte erhalten. Kein Mensch hat ihr je vorgeworfen, in den Mengen, in denen sie ihre Schimmelschutz-Wirkung realisiert, physiologisch irgendwie bedenklich zu sein. Aber leider sind Emotionen (die undifferenzierte Abneigung gegen »chemische« Zusatzstoffe) allemal stärker als sachliche Einsichten. Dennoch muß es klar ausgesprochen werden: Hier überschreiten die Emotionen die Grenze, an der die Gefährdung beginnt. Ob der Schimmel im Schnittbrot sitzt (wo die Sorbinsäure ihn bremsen darf) oder im Ganzbrot (das sich gegen ihn nicht verteidigen darf) – für den Verbraucher, der den Schimmel zu sich nimmt, ist das kein Unterschied. Anti-Chemie-Frömmelei ist ein schlechter Ratgeber bei Entscheidungen, in denen es um die Gesundheit geht. Chemische Konservierung ist nur ein Teil der Maßnahmen für die Frischhaltung von Brot und Gebäck. Sie beginnt – know how des erfahrenen Praktikers – beim Teigmachen und beim Backen, setzt sich fort bei der Betriebshygiene (Lagerung in keimarmen Räumen), erfährt einen besonderen Aspekt durch die Verpakkung und wird in hohem Maße beeinflußt durch die richtige Dosierung geeigneter Zusatzstoffe. Bei Weizenteigen sind dies Fett, Zucker und Backmittel, die Lecithin und fettartige Emulgatoren enthalten; daneben spielen Quellstoffe (Hydrokolloide) und Enzyme eine wichtige Rolle, doch sinkt der Einfluß aller Frischhaltemittel mit der reicher werdenden Rezeptur; Gebäcke mit 40% Fett (Stollen zum Beispiel) haben solche Zusätze nicht mehr nötig. Bei Roggenteigen kommt es sehr darauf an, das richtige Gleichgewicht zwischen Teig-Quellung, Säure-Bildung und enzymatischem Abbau zu finden, um sowohl den Schimmelbefall zu verhindern als auch die Frischhaltung zu verlängern. Die Auswirkungen der Verpackung sind begrenzt, nicht nur, weil sich bei zu frühzeitigem Einwickeln der noch nicht ausgekühlten Brotlaibe Kondenswasser bilden und das Schimmelwachstum begünstigen kann, sondern weil besonders krustenreiche Gebäcke (Brötchen!) sich kaum vernünftig verpacken lassen.

Für die Hausfrau, die sich ein paar Gedanken darum macht, wie sie ihr Brot aufheben soll, sind diese Überlegungen nur am Rande wichtig. Im Hause liegt Brot in trockenen, luftigen Behältnissen – Omas Brottrommel; es liegt allein, nicht im Kühlschrank, und die Brotlade wird häufig gesäubert und von Krümel-Resten befreit. Roggenhaltige Brote halten sich länger als Weizengebäcke, die man deshalb zweckmäßigerweise in kleineren Portionen einkauft. Mehr ist nicht nötig, weniger sollte es nicht sein. Natürlich kann man Brot einfrosten: das soll rasch geschehen, und Temperaturen über $-18°C$ müssen vermieden werden. Beim Entfrosten sollte man das Brot 2–3 Stunden bei 30–50°C feucht lagern und dann 10 Minuten im Ofen bei etwa 220°C erwärmen. Stellen Sie dabei eine kleine Schüssel mit Wasser in Ihren Ofen!

## Brotfehler und ihre Ursachen

Die Übersicht ab Seite 83 zeigt die am häufigsten auftretenden Brotfehler – die nicht nur am selbstgebackenen Brot zu beobachten sind: Auch dem Fachmann kann manches danebengehen (und für ihn ist ursprünglich diese Übersicht angefertigt worden). Wer selbstgebackenes Brot verbessern will, achte auf die Form des Brotes, die Kruste und die Beschaffenheit der Krume – und versuche, am nächsten Backtag die alten Fehler zu vermeiden.

Dreikornbrot: Rezept Seite 72

| Brotform | Oberfläche und Krustenbräunung | Krume: Lockerung, Elastizität, Geschmack | Fehler-Ursachen |
|---|---|---|---|
| normal | normal | vereinzelt größere Hohlräume, Geschmack normal | Wirkfehler |

| | | | |
|---|---|---|---|
| normal | normal | Mehlbollen und helle Teile in der Krume, sonst normal | ungesiebtes Mehl |

| | | | |
|---|---|---|---|
| normal | normal | dunkle Teile in der Krume, sonst normal | ungenügende Zerkleinerung des Restbrotzusatzes |

| Brotform | Oberfläche und Krustenbräunung | Krume: Lockerung, Elastizität, Geschmack | Fehler-Ursachen |
|---|---|---|---|
| normal | normal | dunkle bis schwarze Bestandteile, sonst normal | Fremdbestandteile |

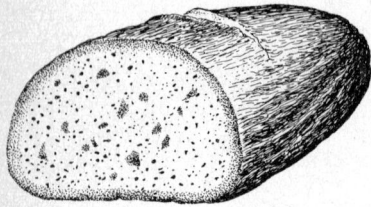

| | | | |
|---|---|---|---|
| normal | helle, schwache bis normale Kruste | normale, schwach elastische, fad schmeckende Krume | zu kühler Ofen bei knapper Stückgare |

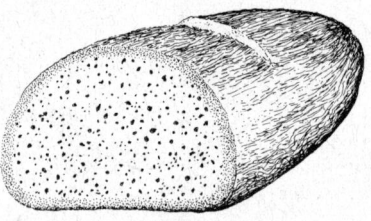

| | | | |
|---|---|---|---|
| normal | dunkle, dünne Kruste, scharf abgegrenzt zur Krume | Krume unelastisch, ballt beim Kauen | zu heißer Ofen bei voller Stückgare |

| Brotform | Oberfläche und Krustenbräunung | Krume: Lockerung, Elastizität, Geschmack | Fehler-Ursachen |
|---|---|---|---|
| normal | kleine, oberflächliche Risse, Bräunung normal | normal | Kleben am Korb |

| | | | |
|---|---|---|---|
| normal | blasige Kruste, normale Bräunung | normal | bei Roggen- und Roggenmischbrot zu junge Führung, zu starkes Bestreichen mit Wasser; bei Weizen- und Weizenmischbrot: Unterlassen des Schneidens |

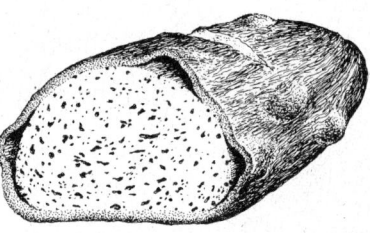

| | | | |
|---|---|---|---|
| rund | bisweilen gerissen, sonst normal | dichte Krume mit derben senkrechten Rissen | fester Teig |

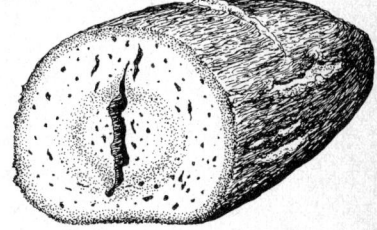

| Brotform | Oberfläche und Krustenbräunung | Krume: Lockerung, Elastizität, Geschmack | Fehler-Ursachen |
|---|---|---|---|
| rund | normal, zuweilen großflächiges Ablösen der Oberkruste | dicht, salziger Geschmack | zu viel Salz |

| | | | |
|---|---|---|---|
| rund | normal bis helle Kruste, aufreißende Schnitte und Teigauswüchse | dichte Krume, senkrechte Poren, senkrechte Risse | knappe Gare |

| | | | |
|---|---|---|---|
| rund | normale bis helle Kruste, zuweilen Süßblasen | dichte Krume, meist Wasserring, fader Geschmack, Poren senkrecht gestreckt | zu junger Sauer |

| Brotform | Oberfläche und Krustenbräunung | Krume: Lockerung, Elastizität, Geschmack | Fehler-Ursachen |
|---|---|---|---|
| rund | normal | ungleichmäßig dichte Krume, z. T. senkrechte Poren, oft teilweises Abbacken ca. 1–2 cm unter der Oberkruste | junger oder kühler Teig |

| Brotform | Oberfläche und Krustenbräunung | Krume: Lockerung, Elastizität, Geschmack | Fehler-Ursachen |
|---|---|---|---|
| rund | zuweilen gerissen und Teigauswüchse | dichte, trockene Krume mit senkrechten Rissen | ungenügendes Kneten und zu kurze Teigentwicklung bei sehr starken Roggenmehlen |

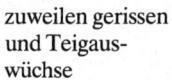
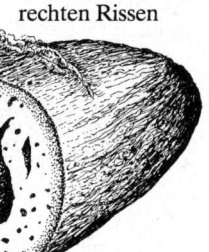

| Brotform | Oberfläche und Krustenbräunung | Krume: Lockerung, Elastizität, Geschmack | Fehler-Ursachen |
|---|---|---|---|
| rund | dunkle, dünne Kruste, scharf gegen Krume abgesetzt | dichte Krume, ballt beim Kauen | heißer Ofen bei knapper Stückgare |

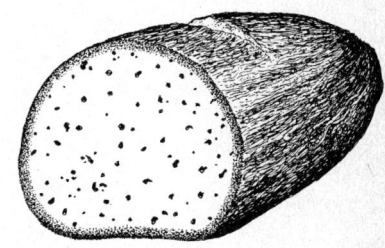

| Brotform | Oberfläche und Krustenbräunung | Krume: Lockerung, Elastizität, Geschmack | Fehler-Ursachen |
|---|---|---|---|
| flach, z. T. hohler Boden | dunkle Kruste | Wasserstreifen längs der Unterkante, Abbacken der Oberkruste, Krume ballt beim Kauen, kleistriger Geschmack | Auswuchs |
| flach | dunkle Kruste | grobporige Krume, mit größeren Hohlräumen durchsetzt, kräftig bis scharfer, saurer Geschmack | alter Sauer |
| flach | normal | grobe Poren, Neigung zum Abbacken der Oberkruste, schwach elastische bis klebrige Krume, ballt oft beim Kauen | zu weicher Teig |

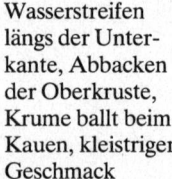

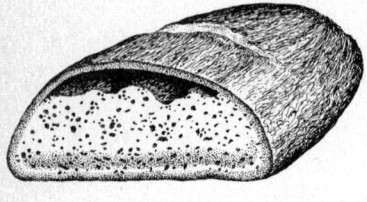

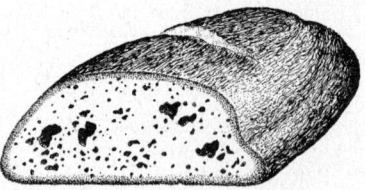

| Brotform | Oberfläche und Krustenbräunung | Krume: Lockerung, Elastizität, Geschmack | Fehler-Ursachen |
|----------|-------------------------------|------------------------------------------|-----------------|
| flach | normal bis hell | meist kleine Schrägrisse in den Ecken der Krume, unelastische, etwas fade Krume | Vollsaueranteil zu niedrig |

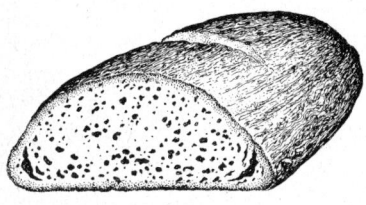

| | | | |
|----------|-------------------------------|------------------------------------------|-----------------|
| flach | normal | unruhige Krume, oft Rißbildung längs der Unterkante | zu warmer Teig |

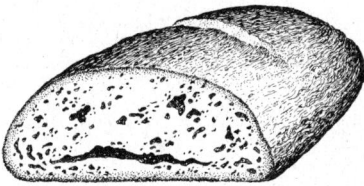

| | | | |
|----------|-------------------------------|------------------------------------------|-----------------|
| flach | normale, oft borkige Kruste | waagerechte Porenstellung | Übergare |

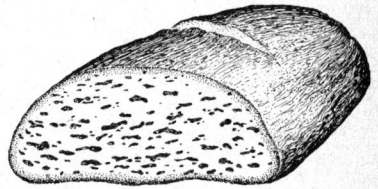

| Brotform | Oberfläche und Krustenbräunung | Krume: Lockerung, Elastizität, Geschmack | Fehler-Ursachen |
|---|---|---|---|
| flach | helle Kruste | waagerechte Poren, schwach elastische, etwas fade schmekkende Krume | kühler Ofen bei voller Stückgare |

| | | | |
|---|---|---|---|
| flach | stark gerissene Kruste, matt oder auch glänzend | normale Krume | zu wenig Dampf bzw. zu viel Dampf beim Backen |

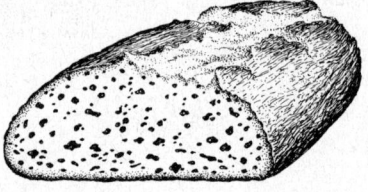

| | | | |
|---|---|---|---|
| flach | normal gebräunte, an der Seite stark gerissene Kruste | zuweilen wasserstreifenartige Krumenverdichtungen zur Rißstelle | zu dicht geschoben |

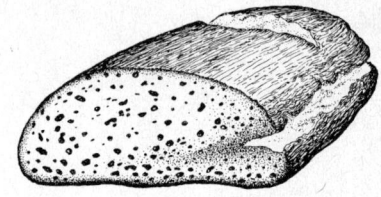

(Abdruck dieser Übersicht mit freundlicher Genehmigung der Fa. Ulmer Spatz Vater und Sohn, Ulm)

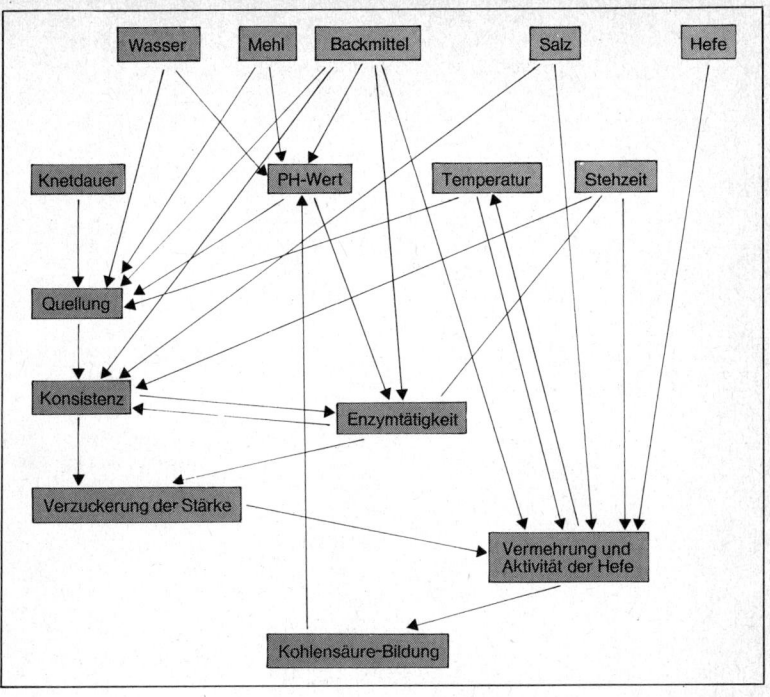

Die schematische Darstellung zeigt, wie vielfältig und kompliziert die Wechselbeziehungen der Reaktionen im Teig sind. Die Störung bei nur einem der Faktoren kann zu Brotfehlern führen.

# Die Inhaltsstoffe des Brotes

Professor Wirths hat einmal ausgerechnet, wo die Nährstoffe und die Energien herkommen, die auf der ganzen Welt verbraucht werden. Er fand höchst aufschlußreiche Zahlen. Getreide liefert

72% des Kohlenhydrat-Verbrauchs,
59% des Eiweiß-Verbrauchs,
13% des Fett-Verbrauchs
61% der erforderlichen Energie

Die Inhaltsstoffe des Brotes gehören also qualitativ wie quantitativ zum Wichtigsten, das die Erde zu bieten hat. Sie im einzelnen zu beschreiben ist die Sache dicker Lehrbücher. Wir wollen uns in dem schmalen Rahmen weniger Seiten nur mit ein paar Aspekten beschäftigen, die mit dem Backen – und mit dem Essen von Brot unmittelbar zu tun haben. Der Chemiker, der Lebensmitteltechnologe wird auf den folgenden Seiten ganz sicher manchen wichtigen Gesichtspunkt vermissen. Der Autor jedoch möchte den Leser ansprechen, sein Bemühen um Verständnis, seine Einsicht in wichtige Vorgänge, sein rationales, aber auch sein emotionales Verhältnis zum Brot. Für so etwas braucht man natürlich – auch – Fakten. Doch so wie ein Haufen Steine noch kein Haus ist, so gibt auch eine Fülle von Einzel-Fakten allein noch kein verständiges Bild der Zusammenhänge. Aber allein darauf kommt es an; und dafür sollen einige – kräftige – Konturen genügen.

## Kohlenhydrate
## Aufbau und Bedeutung

Das wichtigste und verbreitetste Nahrungs-Kohlenhydrat ist die Stärke, gefolgt vom Zucker, lateinisch Saccharose. Getreide und Kartoffeln sind wesentliche Träger von Stärke, Zucker wird gewonnen aus der Zuckerrübe und aus dem Zuckerrohr. Das Wort Zucker führt manchmal zu Verständigungs-Schwierigkeiten, weil man darunter sowohl unser bekanntestes Süßungsmittel versteht als auch eine Gruppe ähnlich gebauter Basisstoffe für den Aufbau von Kohlenhydraten mit speziellen technischen und ernährungsphysiologischen Eigenschaften. Sie haben alle die Endsilbe -ose und werden nach den griechischen Worten für eins, zwei und drei (Mono, Di, Tri) bezeichnet.

Monosaccharide
Glucose (auch Dextrose, Traubenzucker)
Fructose (Fruchtzucker)

Disaccharide
Saccharose (Rohr- oder Rübenzucker; Glucose plus Fructose)
Maltose (Malzzucker, Glucose plus Glucose)
Lactose (Milchzucker, Glucose plus Galactose)

Oligo-Saccharide enthalten wenige einfache Zucker, Poly-Saccharide viele davon. Stärke (ebenso die unverdauliche Cellulose) ist allein auf Glucose aufgebaut. Das Endprodukt ihrer Verdauung im Darm ist also ausschließlich Glucose; als Zwischenprodukte treten Dextrine, Oligosaccharide und Maltose auf. Zucker wird im Darm durch eine »Saccharasen«-Gruppe von Enzymen in die Bestandteile Glucose und Fructose zerlegt. Die Geschwindigkeit der Resorption im Darm ist für die einzelnen Zucker unterschiedlich; besonders langsam werden die vor allem den Diabetikern bekannten Zucker-Austauschstoffe Xylit und Sorbit resorbiert. 20,9% der Kalorienversorgung des statistischen Durchschnittsbürgers werden vom Brotgetreide gedeckt, 12,6% von Zucker und Honig, 6,3% von Kartoffeln. An der Versorgung mit Kohlenhydraten ist das Brotgetreide mit 37,7%, der Zucker mit 27,4%, Kartoffeln mit 12,5%, Obst mit 10,8% beteiligt. Kohlenhydrate sind keine »essentiellen« Nährstoffe. Dennoch müssen sie zugeführt werden, und zwar einmal, um überhaupt genügend »Masse« (Kohlenstoff-Atome) im Körper zur Verfügung zu stellen, zum anderen deshalb, weil sonst spezifische Stoffwechselstörungen (im sogenannten Zitronensäure-Zyklus) unvermeidlich sind. Von dieser Tatsache her beginnt oft die bekannte Verteufelung der Kohlenhydrate. Die Kohlenhydrate liefern »Baustoffe« in Form von C-Atomen. Da jede Körperzelle über das Vitamin Biotin in der Lage ist, Fettsäuren aufzubauen, bilden die Kohlenhydrate natürlich auch einen Fundus für diese Produkte. Daraus zu folgern, man solle auf Kohlenhydrate verzichten und stattdessen (gleich) Fett zu sich nehmen, ist kein Zeichen überentwickelter Logik. Aber Logik ist ja ohnehin nicht jedermanns Sache. Da argumentiert z. B.

ein Befürworter einer Fett-Diät (sprich: Anti-Kohlenhydrat-Diät) von der Beobachtung aus, man habe bei Übergewichtigen bei fast vollständigem Verzicht auf Kohlenhydrate drastische Gewichtsabnahmen ermittelt (Banting-Effekt). Atkins fordert – und bringt Beispiele – eine drastische Erhöhung des Fett- und Öl-Anteils in der Nahrung. Doch er beruft sich auf die möglichen »enormen Variationsmöglichkeiten in der Ernährung« – und legt im Speisezettel dann den Hauptwert auf das Protein! Die Anti-Kohlenhydrat-Kampagne hat noch einen anderen, sehr entlarvenden Schönheitsfehler: sie beschäftigt sich fast ausnahmslos mit Kranken, zumindest mit Leuten, die an bestimmten Stoffwechsel-Anomalien leiden. Daß ungewöhnliche Situationen ungewöhnliche Maßnahmen erfordern, ist eine Binsenweisheit. ABER: das ist Diät – also der bewußte Verzicht auf ein harmonisches Nährstoffangebot, und nicht Ernährung. Brot hat auch einige wenige Diät-Aspekte und -Funktionen. Brot steht indessen vor allem im Zentrum einer ausgewogenen Ernährung. Wer Brot ißt, läßt allen anderen Nahrungsmitteln ihr Recht. Gesundheit ist Harmonie. Mit einseitigen Anti-Diäten kann man vielleicht hin und wieder gestörte Harmonien ins Lot bringen, niemals aber dem Menschen in seiner Gesamtheit die Gesundheit erhalten.
Die Zufuhr von Kohlenhydraten soll ein harmonisches Verhältnis von Poly-Sacchariden (Stärke) und einfachen Zuckern (Saccharose) einhalten. Dabei haben sich in den letzten Jahren ältere Befunde zweifelsfrei bestätigen lassen, daß (zu) hoher Zuckerverzehr

mit Erkrankungen wie Herzinfarkt, Übergewicht, Karies und natürlich Diabetes eine beklemmende Parallelität, wenn auch nicht immer Kausalität, bildet. Brot enthält nur 2–4% der Kohlenhydrate in Form niedermolekularer Zucker – sein überwiegender Bestandteil ist die Stärke.

Zu den Kohlenhydraten des Brotes zählt eine Gruppe von Quell- und Bindestoffen, für die man die Bezeichnung Pentosane gefunden hat. Weizen enthält davon 2–4%, Roggen 3–5%. Sie sind technologisch hochinteressante Makromoleküle, denn insbesondere im Roggenbrot spielen sie bis zu einem gewissen Grade die Rolle des Weizenklebers. Ohne ihre Mithilfe könnte man aus Roggenmehl und Wasser keinen verarbeitungsfähigen Teig herstellen.

Je dunkler (schalen- und aschereicher) ein Mehl ist, um so weniger Kohlenhydrate und Stärke enthält es. Wird aus dem Weizenkorn nur 20% Mehl gewonnen, so hat ein solches Produkt ca. 75% Stärke. Bei 80% Ausbeute sinkt diese Zahl auf 69%, Weizen-Vollmehl hat einen Stärkegehalt von 64–65%. Eine wichtige Eigenschaft der Stärke ist ihre Verkleisterung. Wenn man Stärke trocken auf Temperaturen über 100° erhitzt, tritt – ähnlich wie bei Zucker – eine Karamelisierung ein. Führt man aber die Erhitzung in Gegenwart von Wasser durch, dann genügen schon Temperaturen von 60–65°C, um die Stärke zunächst quellen und dann puddingähnlich verkleistern zu lassen. Das ist technologisch für die Herstellung von Stärke-Nährmitteln wichtig. Physiologisch hat es geringe Bedeutung.

## Verdauung der Kohlenhydrate

Das undifferenzierte Verteufeln der Kohlenhydrate als »Dickmacher« hat vielen Leuten den Blick verstellt für die Fakten, mit denen wir es bei der Verdauung der Kohlenhydrate zu tun haben. Sie beginnt, wie man weiß, schon im Mund. Das Ptyalin des Speichels enthält Alpha-Amylase, und wer schon einmal auf einem Brötchenbrei längere Zeit herumgekaut hat, der weiß, daß man nach gar nicht sehr langer Zeit einen deutlichen Süß-Geschmack empfindet, obgleich die Stärke selbst ja gar nicht süß schmeckt. Hier tauchen also schon die ersten »Zucker« auf. Im Magen tritt ein erster stärkerer Abbau ein, und im Dünndarm finden sich dann schon größere Mengen an Stärke-Abbauprodukten: Dextrine, Oligosaccharide, Di- und Monosaccharide. Glucose und Fructose bleiben wegen des höheren osmotischen Drucks ihrer Lösungen länger im Magen als Dextrine und Stärke. An der inneren Oberfläche des Dünndarms (man nennt sie Mucosa) wird dann die Hauptmenge der Stärke mit Hilfe der Alpha-Amylase (sie ist an die Mucosa fixiert) abgebaut – das geschieht rasch, in wenigen Minuten. Ob es, wie bei den Proteinen, unterschiedliche »biologische Wertigkeiten« verschiedener Kohlenhydrate gibt, ist umstritten. Als Maß dafür kommt ja in erster Linie der Anstieg des Blutzuckerspiegels in Betracht, und tatsächlich haben einige Forschergruppen solche Beobachtungen auch beschrieben. Andere wiederum glauben nicht an diese Befunde bzw. deuten die Erscheinung lediglich als eine Auswirkung der mit zeitlichen Unterschieden ablaufenden Magen-Entleerung. Wie dem auch sei: am Ende ist die Stärke quantitativ abgebaut zu Glucose (Traubenzucker). Um ins Blut zu gelangen, muß sie durch die Darmwand hindurchgepreßt werden. Die Physiologen bezeichnen den Vorgang als Resorption. Hier nun zeigen die einzelnen Monosaccharide deutliche Unterschiede. Schnell, »aktiv«, wird Glucose resorbiert, mit Hilfe eines an das Vorhandensein hoher Mengen von Natriumionen gebundenen Drucksystem (»Natriumpumpe«). Mit mäßiger Geschwindigkeit dringt Fructose, der andere Bestandteil unseres Speisezuckers, durch die Darmwand, und ganz langsam (»passiv«) verläuft die Sache bei den Zuckeraustauschstoffen wie Sorbit oder Xylit. Hier ist ein Punkt, an dem wir verweilen müssen, um die nachteiligen Folgen eines überhöhten Zuckerverbrauchs und um die Gefahrlosigkeit des Verzehrs großer Mengen Brot zu schildern. Wir tun das mit dem Beispiel der Zuckerkrankheit, des Diabetes mellitus. Die Symptome des Diabetes mellitus werden ja alle in Verbindung gebracht mit dem charakteristischen Befund dieser sehr weit verbreiteten Krankheit (viele Betroffene wissen nicht, daß sie zuckerkrank sind), dem erhöhten »Blutzuckerspiegel«. Was heißt das? Normales, gesundes Blut enthält 0,08–0,12% Glucose. In einem Liter Blut ist also etwa 1 g Glucose enthalten, die 5–6 Liter Blut transportieren demnach rd. 25 Kalorien. Kohlenhydratreiche Kost steigert den Blutzucker auf etwa 0,15%, nach etwa 2 Stunden ist der Normalwert wieder erreicht. Nicht so beim Diabetiker. Hier kann der Blutzucker Werte von 0,25% und mehr erreichen, um

sich erst nach 5–6 Stunden wieder auf die Gleichgewichtskonzentration einzustellen. Regulierende Substanz ist der Eiweißkörper Insulin, der – unter Mitwirkung des Nervensystems und komplizierter hormoneller Vorgänge – in den sogenannten B-Zellen der Langerhans'schen Inseln der Bauchspeicheldrüse (Pankreas) produziert wird. Diese Produktion wird – Beispiel eines Regelkreises – ihrerseits gesteuert von der Glucose-Ausschüttung ins Blut: hoher Zuckerspiegel provoziert kräftige Insulinproduktion. Das Insulin nun ist ein äußerst vielseitiger Wunderstoff. Es sorgt – beim Durchfluß des Blutes durch die Leber – für die Umwandlung der Glucose in das körpereigene Kohlenhydrat Glykogen; es ermöglicht den Durchtritt des Energieträgers Glucose in die Fettzellen und ins Muskelgewebe, es verhindert den Abbau von Fett, und es sorgt schließlich für die Verbrennung der Glucose und für die lebenswichtige Freisetzung der mit ihr transportierten Energie.

Ist nun die Insulinproduktion eingeschränkt oder gestört, findet die Glucose des Blutes kein Medium mehr vor, welches ihr ermöglicht, ihre Funktion zu erfüllen. Der so im Stich gelassene Traubenzucker reichert sich an, bis ein Grenzwert erreicht ist (»Nierenschwelle«), von dem an der Zucker nun auch im Harn nachzuweisen ist. Das hat fatale Folgen.

Nicht nur der Baustoff Traubenzucker, auch die in ihm gespeicherte Energie gehen dem Organismus verloren. So kommt es, zumal bei Jugendlichen, zu Gewichtsabnahmen und vielen anderen Störungen, die nur durch das Spritzen von Insulin, neuerdings mehr und mehr ergänzt durch Sulfonamide und guanin-haltige Medikamente, gelindert werden können. Anders verläuft der Mechanismus des sogenannten »Alters-Diabetes«. Dieser geht vielfach mit Übergewicht einher. Er wird hervorgerufen durch eine jahrelange Überbeanspruchung und Überforderung der Insulin-Produktion, die unter dem permanenten Leistungsstreß die ursprünglichen »Qualitätsnormen« nicht mehr aufrecht erhalten kann und nur noch ein funktionsschwächeres Erzeugnis, ein »falsches« Insulin verminderter Aktivität zu liefern imstande ist. Doch warum dieser ganze medizinische Schlenker in einem Büchlein, das sich ganz bewußt immer wieder vor allem an die Gesunden wendet, weil es nicht den Eindruck hervorrufen will, Brot sei ein Diätmittel? Was hier gezeigt werden sollte, ist dieses: Wie überall sind auch hier die Extreme von Übel. Und wenn man weiß, welch ein sorgfältig ausgependeltes System der menschliche Stoffwechsel darstellt, wenn man weiß, wie leicht er – trotz imponierender Anpassungsfähigkeit in Einzelfällen – bei Störungen »umkippen« kann, dann wird man den übertriebenen, unreflektierten »Genuß« von viel Zucker als eine der Basis-Sünden unserer Ernährung erkennen. Der Diabetes mellitus ist ja nur ein Beispiel dafür, wie der Organismus auf eine ständige Überbeanspruchung reagiert. Eine laufende Zufuhr hoher Mengen an Glucose ist Überbeanspruchung und Mangel-Ernährung zugleich.

Wir finden ihre Auswirkungen auch bei anderen Störungen. So stellt der Ernährungsbericht 1972 fest, daß es eine direkte Beziehung zwischen degenerativen Gefäßerkrankungen und Zuckerkonsum gibt. Dieselbe Relation ist festgestellt worden für gesättigte Fette (erinnern Sie sich: »Wir essen zu viel, zu süß und zu fett«). Das Übergewicht, das dreiviertel der Bundesbürger mit sich herumschleppt, ist weitgehend zuckerbedingt. Einmal führen die Mono- und Disaccharide, verglichen mit Stärke, ohnehin zur Bildung höherer Mengen an Fett. Zum anderen wirkt sich die Stimulation der Insulinbildung durch den Traubenzucker appetitanregend aus, und schlank wird man eben – Gott sei's geklagt – nicht durch Essen, sondern durch Fasten. Über die engen Zusammenhänge zwischen Zuckerkonsum und Karies kann es überhaupt keinen Zweifel mehr geben. Anderseits ist die Story vom Zucker als Vitamin-B 1 – Räuber ein Märchen und die kurzzeitig belebende (blutzuckersteigernde) Wirkung geringer Zuckermengen bei längeren Belastungen des Körpers ist unbestritten. Alle diese fatalen Störungen vermeidet derjenige, der Brot ißt. Wohlgemerkt: Der Autor ist kein Feind des Zuckers, weiß Gott. Ein Stück Schwarzwälder Kirschtorte mit allem Drum und Drin gehört zu den unbestrittenen Köstlichkeiten der Erde. Aber – wie alle Köstlichkeiten – sollte es die Ausnahme bleiben. Die Regel ergibt sich aus dem Gesagten. Brot enthält viel Stärke. Stärke wird langsam, kontinuierlich, verträglich zu Glucose abgebaut, ohne die Kapazität der Insulinfabrik zu überlasten. Ich habe eingangs dieses Kapitels mit Absicht das Zahlenbeispiel gebracht, daß der Energieinhalt des gesamten Blutzuckers nur ca. 25 Kalorien ausmacht. So viel verbraucht ein Erwachsener in Ruhe innerhalb von 20 Minuten. Unser Stoffwechsel und unser Kreislauf sind also ganz entscheidend darauf angewiesen, gleichmäßig und konstant mit Energie versorgt zu werden. Der Ruf nach »sicherer Energie« ist nicht bloß ein Werbeslogan der – wieder aufwärts tendierenden – Ruhrkohle-Industrie. Brot ist, so gesehen, »sichere Energie«. Brot belastet nicht, Brot führt wichtige Nährstoffe in ausreichendem Maße und im richtigen Tempo zu. Es ist gut, daß es Brot gibt.

## Eiweißstoffe-Aufbau

Bausteine aller Eiweißstoffe (Proteine) sind die sogenannten Aminosäuren. Der Chemiker kennt – und synthetisiert – ein paar hundert solcher durch die »Amino«-($NH_2$-)Gruppe charakterisierter Substanzen. Wir – in unserer Eigenschaft als Lebewesen – haben es leichter: zweiundzwanzig davon genügen uns zum Aufbau aller organischen Substanz, von Muskeln und Knochen bis zu den hochempfindlichen Steuerungs-Systemen der Fermente und Hormone. Ihre Namen braucht man sich natürlich nicht zu merken; da einige von ihnen indessen auch im Populär-Schrifttum öfter einmal genannt werden, stellen wir sie in Tabelle 10 samt ihren Abkürzungen und ihrem prozentualen Anteil im Weizenkleber zusammen.

### Tabelle 10: Aminosäuren

| | | | | | |
|---|---|---|---|---|---|
| Glycin | GLY | 3,03 | Lysin | LYS | 1,53 |
| Alanin | ALA | 2,37 | Asparaginsäure | ASP | 3,05 |
| Serin | SER | 4,18 | Asparagin | ASP-$NH_2$ | n. b. |
| Cystein | CYS | n. b. | Glutaminsäure | GLU | 39,30 |
| Cystin | CYS-CYX | 1,61 | Glutamin | GLU-$NH_2$ | n. b. |
| Threonin | THR | 2,36 | Phenylalanin | PHE | 4,68 |
| Methionin | MET | 1,45 | Tyrosin | TYR | 3,30 |
| Arginin | ARG | 3,14 | Prolin | PRO | 11,49 |
| Valin | VAL | 3,58 | Hydroxyprolin | HYPRO | n. b. |
| Leucin | LEU | 6,31 | Histidin | HIS | 1,77 |
| Isoleucin | ILEU | 3,51 | Tryptophan | TRY | n. b. |

– n. b. = nicht bestimmt –

Acht davon – JLEU, LEU, LYS, MET, PHE, THR, TRY und VAL – sind »essentielle« Aminosäuren, Stoffe also, die der menschliche Organismus nicht selbst aufzubauen vermag, sondern die ihm mit der Nahrung zugeführt werden müssen. Für die Beurteilung dessen, was man ißt, spielt dies keine geringe Rolle.

Der Kleber (S. 45) umfaßt ca. 80% der gesamten Weizenproteine. Zwei Komponenten bilden ihn vor allem: Gliadin und Glutenin. Ihr Aufbau entspricht der bekannten »Doppel-Helix« – zwei ineinander verschlungene spiralförmige Proteinketten sind nach unserem heutigen Wissen (dem »Irrtum von morgen«) die Grund-Strukturen aller Eiweißstoffe, die Grundstrukturen allen Lebens. Die charakteristischen Eigenschaften des Klebers sind die Folge einer singulären »Verkittung« von Gliadin und Glutenin durch kleinere Proteinkörper – singulär deshalb, weil die Verkittung nur beim Weizen eintritt, nicht jedoch bei den anderen Getreidearten, auch beim Roggen nicht (der indessen wie der Weizen Gliadin und Glutenin enthält). Als Kitt-Substanzen fungieren Verbindungen von Zuckern und/oder Fettstoffen mit Proteinen; der Chemiker bezeichnet sie als Glyco- und Lipoproteide. Die Chemie all dieser Vorgänge ist in vielen Details bekannt, viele Mechanismen sind aufgeklärt worden, aber bis wir ein in sich »stimmiges« Bild all dieser Vorgänge haben, bleibt noch viel, sehr viel zu tun.

**Versorgung**

Die Eiweißstoffe haben vielerlei Bezüge zu und in unserem täglichen Leben. Zunächst die physiologischen. Sie sind die maßgebenden Komponenten für den Bau-Stoffwechsel und werden vom Organismus erst bei Mangel an Kohlenhydraten und Fetten mit dazu herangezogen, sich am Betriebs-Stoffwechsel zu beteiligen, d. h. Energie zu liefern. Sie gewinnen aber auch mehr und mehr wirtschaftspolitische Bedeu-

tung, und wer wollte heute noch daran zweifeln, daß wirtschaftspolitische Aspekte bis zum Jahre 2000 die brisantesten allgemein-politischen Probleme unseres Erdballs zu werden versprechen? Der Welt droht ein gigantisches Eiweiß-Defizit. Die klassischen Quellen aus dem Tier- und Pflanzenreich haben den Wettlauf mit der explosiven Bevökerungsentwicklung heute schon verloren. Um eine Tonne Eiweiß aus Milch zu produzieren, braucht man 4 ha Grasland, um eine Tonne Eiweiß aus Schweinefleisch zu produzieren, schon 14 ha Getreide. Die noch vor wenigen Jahren gepriesene Kälbermast schließlich hat sich als eine ausgesprochene Niete herausgestellt: »Die Ausnutzung des Futterproteins ist dabei so ungünstig, daß das erzeugte Fleisch ernährungsphysiologisch weniger wert ist, als die verfütterte Milch« – der Satz stammt von den Kieler Professoren H. Klostermeyer und W. Kaufmann. Das spricht für sich. »Wo die natürlichen Voraussetzungen vorliegen, sind Kartoffeln und die Sojabohne die anbauwürdigsten Kulturpflanzen« – so die Herren aus Kiel. Natürlich gibt es noch vielfache Ausweichmöglichkeiten. Die Blätter der Grünpflanzen, Ölsaaten wie Sonnenblumen, Raps und andere lassen sich ausnutzen und werden ausgenutzt. Die texturierten Sojaproteine werden kommen. Eine rationale »Pflege« der Fischgründe des Weltmeeres, abseits aller kindischen Eifersüchteleien um Fanggründe und Bereichsgrenzen (ich werde z. B. nie begreifen, warum man Island und Norwegen keine erweiterten Fangzonen einräumt – wovon sollen die Leute da oben eigentlich leben?), könnte Milliarden Menschen satt machen. Plankton-Eiweiß und Algen-Eiweiß ergänzen die ungeheuren, ungenutzten Reserven, die das Meer für uns bereithält.

Die Zukunft hat schon begonnen bei den sogenannten *Einzeller-Proteinen.* Hinter diesem etwas holprigen Begriff verbirgt sich eine alte Erfahrung. Wird Hefe die richtige Nahrung angeboten, so beginnt sie, zu wachsen und sich zu vermehren. Wie alle Lebewesen enthalten auch Hefen Eiweiß, in sehr großen Mengen sogar. Hefen aber haben noch eine andere, frappierende und den Menschen nützliche Eigenschaft: sie können sich von den verschiedenartigsten Rohstoffen ernähren, auch von solchen, die für andere Kleinlebewesen den raschen Tod bedeuten würden: Erdöl und Paraffin. Aus einem Kilo Erdöl können Hefen 500 g Protein machen! Sie können sich vorstellen, daß die Welt fieberhaft nach geeigneten Verfahren sucht, diese Proteinquellen in den Griff zu bekommen. Hunderte von Patenten wurden erteilt, riesige Versuchs-Stationen gebaut, und man kann heute gar nicht mehr daran zweifeln, daß Einzeller-Protein eines Tages den Tisch der Weltbevölkerung sichern helfen wird. Aber wir wollen uns ja hier und heute gar nicht von so unappetitlichen Einzellern ernähren, sondern vom Brot. Für die Entwicklung der in den Trockengebieten Asiens und Amerikas mit hohen Erträgen anbaufähigen »Zwergweizen« hat Norman Borlaug 1970 den Friedens-Nobelpreis bekommen. Daß man auf dem indischen Subkontinent und anderswo dennoch eine Hungerkatastrophe in den nächsten 10, 20 Jahren nicht wird vermei-

den können, liegt weniger am Erzeugungs-Potential als an falsch gewählten Prioritäten und einer Desorganisation, für die wir hier im Westen kaum einen Begriff, schon gar nicht eine Erklärung haben.

Aber auch in Europa – und jetzt sind wir wieder bei unserem eigentlichen Thema – hat man erstaunliche Fortschritte gemacht. Lagen Anfang der fünfziger Jahre die Hektar-Erträge bei Weizen in der Bundesrepublik noch bei ca. 30 dt/ha, so sind sie 1979 auf ca. 50 dt/ha gestiegen. Neue, ertragreiche Sorten gibt es, mit denen der Bauer bei günstigen Bedingungen 100 dt/ha produzieren kann. Selbst wenn der Weg über das Schweinefleisch kein optimaler Weg zur Proteingewinnung ist – hier liegen Chancen, deren Nutzung geeignet ist, uns ruhiger in die Zukunft blicken zu lassen. Immerhin ist Brot die zweitwichtigste Proteinquelle unserer Ernährung, nach dem Fleisch, aber noch vor der Milch. Und immerhin weiß man seit manchem Jahr, daß (teures) tierisches und (billiges) pflanzliches Eiweiß in unserer Ernährung gleichen Rang beanspruchen: pflanzliches Protein vermag einen wichtigen Indikator für Gefäßerkrankungen, den Serum-Cholesterinspiegel nämlich, deutlich zu erniedrigen. Vom hohen »Transformations-Verlust« bei der Umwandlung des Getreideeiweißes in tierisches Eiweiß ganz zu schweigen.

## Biologischer Wert

Wir hatten in der Einleitung schon die Lückenhaftigkeit unserer exakten Kenntnisse über ernährungsphysiologische Fakten beim Menschen anklingen lassen. Das liegt vor allem am (verständlichen) Fehlen von statistisch wirklich repräsentativem Material. Ein Grundbegriff für die folgenden Überlegungen ist die »biologische Wertigkeit«. Sie ist ein Maß dafür, wieviel eines bestimmten Nährstoffes der Mensch – oder das (Versuchs-) Tier – zu sich nehmen muß, um den Stoffwechsel im Gleichgewicht zu halten. Natürlich gibt es zahlreiche Methoden zu ihrer Ermittlung: Labor-Versuche, Fütterungsversuche an Tieren, Versuche mit Menschen. Im Labor sind die Versuche am leichtesten, auch lassen sich so statistisch brauchbare Werte gewinnen. Höchste physiologische Bedeutung kommt Versuchen mit Menschen zu. Einer der ersten, der so etwas unternahm, war Professor Kofranyi vom Max-Planck-Institut für Ernährungsphysiologie in Dortmund. Er hat sich schon vor 20 Jahren mit der Methodik und der Problematik von Versuchen mit Menschen beschäftigt. Und wenn es dabei auch an statistischer Relevanz fehlt: auf jeden Fall »stimmt« das Substrat, und so darf man solchen Zahlen sicher ein hohes Maß an Wahrscheinlichkeit zusprechen. Bei diesen Versuchen ergaben sich nun einige für die allgemeine Beurteilung von Nahrungsmitteln und für die spezielle Bedeutung von Getreide- bzw. Brot-Eiweiß höchst bemerkenswerte Aspekte. Kofranyi fand zunächst (1960), daß sich die Wertigkeiten von Milch, Ei, Roggen und Weizen im Ernährungsversuch wie 100:100:83:41 verhalten. Wichtiger noch wurden Arbeiten, zusammen mit Jekat, aus dem Jahre 1964 mit Untersuchungen an Proteingemischen. Mir scheinen diese Ergebnisse, die natürlich – wie sollte es bei der überwältigenden Vielfalt der Menschen und der Nahrungsmittel anders sein – nicht immer und überall bestätigt werden konnten, für unser eigenes Thema wie für die allgemeine Einsicht in die Wissenschaft und Praxis vom Essen so fundamental und zukunftsweisend, daß ich sie – auch angesichts der Tatsache, daß es heute, 20 Jahre danach, natürlich neuere Ergebnisse gibt, aber als Reverenz vor der damaligen wissenschaftlichen und physiologischen Leistung von Kofranyi und seinen Mitarbeitern – hier im Original wiedergeben möchte.

Die auf den Senkrechten angegebenen Werte sind Mindestmengen an Protein pro kg Körpergewicht und Tag, die für den sogenannten Bilanzausgleich erforderlich sind, also für das Vitalitäts-Gleichgewicht zwischen aufgenommenem und ausgeschiedenem Protein. Zwei Tatsachen lassen sich demonstrieren.

1. Eine Mischung von 76% Milchprotein und 24% Weizenprotein bedeutet optimale biologische Wertigkeit.
2. Eine Mischung von 55% Milch- oder Ei-Protein und 45% Weizenprotein ist dem Protein der Milch oder des Eies biologisch gleichwertig.

Hier wird deutlich, was uns das ganze Buch hindurch begleitet: Brot ist offensichtlich eine ideale Mischkost-Komponente. Dennoch bleibt zunächst ein Widerspruch. Wir haben gesehen, daß der biologische Wert des Weizens viel schlechter ist als der der Milch. Wie soll das schlechtere Produkt das gute verbessern? Wenn wir hier die richtige Antwort finden, haben wir nicht nur eine beachtliche wis-

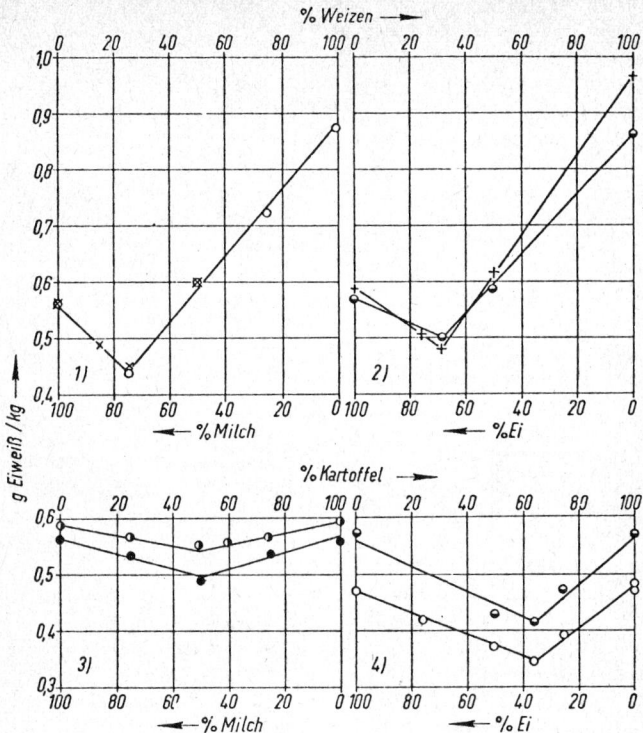

Abb. 1—4. Die biologische Wertigkeit von Proteinmischungen.

Auf den Abszissen sind die Mischungsverhältnisse der Proteine angegeben. Die Ordinaten geben die minimale Menge Protein pro kg Körpergewicht und Tag zur Erreichung des Bilanzausgleiches an.

O = Versuchsperson Fre.;    × = Versuchsperson Schma.;
◐ = Versuchsperson Kun.;    + = Versuchsperson Dier.;
◑ = Versuchsperson Hei.;    ● = Versuchsperson Lau.

senschaftliche Erkenntnis gewonnen, sondern auch den unmittelbaren Beweis für die Richtigkeit unserer Auffassung erbracht, daß Mischkost die den Menschen unseres Kulturkreises angemessene Ernährungsform darstellt.

## Die Ergänzung von Proteinen

Wir haben den Begriff der essentiellen Aminosäure kennengelernt, wir hatten auch schon gehört, daß Lysin die sogenannte »limitierende« Aminosäure im Weizen- und Roggen-Eiweiß ist. Ein Limit ist eine Grenze, eine limitie-

**101**

rende Aminosäure also eine »begrenzende«. Was heißt das? Ein Protein ist offensichtlich biologisch um so wertvoller, je mehr es von allen essentiellen Aminosäuren enthält und je ausgewogener deren Verhältnis zueinander ist. Knappheit an einer Aminosäure senkt also das biologische Potential. Zum Ausgleich dieser unerwünschten Situation gibt es zwei Möglichkeiten. Die eine hat uns Kofranyi gezeigt: die Mischung natürlicher Proteine. Die andere lernen wir jetzt kennen: die Ergänzung der fehlenden Aminosäure.

Setzt man Vollei = 100, so hat Roggeneiweiß einen biologischen Wert von 83 und Weizen-Eiweiß einen solchen von 41. Der Zusatz von Lysin – die chemische Industrie stellt solche reinen Aminosäuren großtechnisch her – steigert den Wert des Roggens auf 100 bis 106, den von Weizen auf 72 bis 89. Wie wirksam eine solche Lysin-Gabe im Vergleich zur Gabe von Eiweißstoffen ist, hat Lang schon 1950 gezeigt. Er fütterte eine Gruppe von Ratten nur mit Brot, andere erhielten dazu noch zusätzlich Eiweißstoffe – und Lysin. Das Ergebnis (g Gewichtszunahme in 30 Tagen) spricht für sich:

| | |
|---|---|
| Brot allein: | 30,4 |
| + 2,5% Torula-Hefe | 47,9 |
| + 2,5% Sojamehl | 51,0 |
| + 2,5% Kasein | 61,7 |
| + 0,4% Lysin | 64,0 |

Die Aufwertung des Brotes durch die Milch ist also in erster Linie eine Sache der Zufuhr des limitierenden Lysin. Umgekehrt ist der Mechanismus etwas komplizierter und von der Physiologie offensichtlich noch immer nicht völlig durchsichtig gemacht worden. Man nimmt an, daß in den höchstwertigen Proteinen (Ei, Milch) die essentiellen Aminosäuren in solch einer Konzentration vorliegen, daß sie sich sozusagen gegenseitig behindern, ihr Wirkungsoptimum zu realisieren. Wird nun durch Zufuhr auch nicht-essentieller Aminosäuren dieses Konzentrat »verdünnt«, ergeben sich die geschilderten 18 positiven günstigen Resultate. Dazu noch ein paar ergänzende Zahlen.

Helle Mehle haben wegen der Konzentrierung der Eiweißstoffe in den Randpartien des Kornes (siehe Seite 39) weniger und auch etwas geringerwertiges Eiweiß als dunklere. Der Lysingehalt des Proteins liegt im Mehlkern bei 1,9%, in der Kleie bei 3,9%, im Keimling bei 5,4%. Im Schnitt rechnet man, daß Mehle der Type 405 etwa 1% Protein weniger haben als das Korn, die der Type 1050 denselben.

Ich habe mir lange überlegt, ob ich Sie, liebe Leserin und Sie, geschätzter Leser, tatsächlich mit diesem ganzen Wissensballast und Zahlenkram (der zudem das Fragezeichen des Vorläufigen, Unvollständigen, ja Subjektiven auch in naher Zukunft nicht los werden wird) behelligen sollte. Aber da es – außer der Muttermilch – kein Nahrungsmittel gibt, von dem allein sich der Mensch ernähren kann, schien es mir notwendig, nützlich und vielleicht auch ganz anregend, das Wesentliche des Sich-Ernährens mit einer gewissen Ausführlichkeit darzustellen. Ernährung, so gesehen, heißt Ausgleich des Unvollkommenen durch das Unvollkommene, heißt aber auch Vereinigung des Guten mit dem Besseren zum Besten. Und die etwas älteren Zahlen-Zitate habe ich ganz bewußt gewählt. Erstens sind die neueren Daten nur wenig anders. Und zweitens wollte ich Sie wieder einmal daran erinnern, daß der Mensch so vieles weiß, daß es aber immer etwas dauert, bis er begreift.

## Enzyme

Enzyme oder Fermente – Sie können die Wörter neben- und durcheinander benutzen, ganz wie Sie wollen – sind auf Eiweiß aufgebaute Wirkstoffe der lebenden Zelle, die biologische Vorgänge steuern, beschleunigen, bremsen, ohne an deren stofflicher Bilanz beteiligt zu sein. Enzyme bauen Nährstoffe ab, sind am Aufbau von Körpersubstanz beteiligt, an der Atmung; sie bewirken die Aktivität von Hefe. Der Mensch »besitzt« Fermente, jedes Tier, das Weizenkorn, aber auch jedes Bakterium: ohne Fermente kein Leben. Fermente sind alltägliche Begleiter in den Getreide verarbeitenden Gewerben. Wenn das Korn auf dem Halm »auswächst« (wenn es also vorzeitig das tut, wozu es später, beim Keimen der neuen Pflanze, bestimmt ist), dann sind neben anderen Amylasen daran beteiligt (amylum, die Stärke). Wenn Getreideschrot nach ein paar Tagen ranzig wird: Lipasen sind am Werk, die die Lipide (Fettstoffe) abbauen. Und wenn in manchen Jahren – nicht sehr oft – die Mehle ganzer Ernten Teige geben, die trotz vermin-

derter Zugußmengen weich sind und zum Kleben neigen: Proteasen haben die hochmolekularen Eiweißstoffe attackiert, sie zu kleineren Bruchstükken zerbissen, und die kräftig-plastische Elastizität der Teige ist dahin. Andererseits: Ohne Amylasen keine Teigentwicklung, kein »Aufgehenlassen« bei unseren 12 Rezepten, kein Ofentrieb. Ohne Fermente kein Brot. Professor Rohrlich führt in seinem Buch über Getreideenzyme 19 Einzelvertreter auf und 8 Gruppen (Amylasen, Proteasen) aus mehreren Individuen. Ihre vollständige Zahl kennt niemand. Die wichtigsten davon sind die Amylasen. Während die »Alpha-Amylase« die langkettigen Moleküle der Amylose und des Amylopektin zu kleineren Bruchstücken abbaut (sogenannten Dextrinen), knabbert die »Beta-Amylase« diese Bruchstücke an ihren Enden an und spaltet ein Molekül Malzzucker (Maltose) nach dem anderen ab. Der Malzzucker schließlich wird ein Opfer der »Alpha-Glucosidase«: jetzt existiert nur noch die Glucose (Traubenzucker), der Grundbaustein der Stärke und das »Futter« für die Hefe. Natürlich ist es nicht Sinn der Getreide-Amylasen, der Hefe »zuzuarbeiten«. Ihre eigentliche Aufgabe ist es, zunächst dem keimenden Getreidekorn den Inhalt des Nährstoff-Reservoirs »Korn« mundgerecht zu machen, denn das Korn kann eben nur die Glucose, nicht aber die höhermolekularen Substanzen verwerten. Der backende Mensch nutzt sozusagen die Blindheit dieses Mechanismus aus. Er sorgt, z. B. durch Zugabe von Malz-Produkten, seit einigen Jahren auch mit Hilfe industriell erzeugter Amylasen, für eine

**103**

ausreichend hohe Enzym-Konzentration und startet das vorprogrammierte Spiel. Nur stoppt er es rechtzeitig ab, sobald genügend Glucose zur Verfügung steht, und gewinnt dabei zusätzlich noch die positiven backtechnischen Eigenschaften der Zwischen-Produkte. »Macht Euch die Erde untertan«, heißt es in der Schrift – kaum ein anderes Beispiel dafür kommt unseren Ursprüngen so nahe.

Was für die Amylasen gilt, gilt genau so natürlich für die anderen Enzyme auch. So bauen die Proteasen die Proteine zu Aminosäuren ab – über viele Zwischenstufen, die auch wieder gut bekannte physikalische Eigenschaften besitzen (Wasseraufnahmefähigkeit, Elastizität, Viskosität – um nur die wichtigsten zu nennen) und die der Mensch zu steuern und zu nutzen gelernt hat.

## Fett

Weizen und Roggen enthalten nur etwa 1–2% Fett, und mindestens die Hälfte davon findet sich im Keimling und in der Schale. Lohnt es sich, so wird man fragen dürfen, über diesen Mini-Nährstoff-Anteil überhaupt noch viele Worte zu verlieren? Wir essen Brot wegen seines Gehalts an Eiweiß, Brot bringt uns, wie wir gesehen haben, die »richtigen« Kohlenhydrate ins Haus und in den Magen; wir essen Brot, weil es manche Vitamine enthält, die uns sonst nur schwer und teuer zugänglich sind, und wir essen Brot und seine Ballaststoffe, weil ja auch das Gegenteil des Essens eine ganz unverzichtbare Rolle in unserem Dasein spielt. Fett bekommen wir ohnehin genug, heute meist sogar viel zu viel. In der Wurst, im Schinken, in der Sahnetorte, im Käse – überall finden wir genug Fett. Was hilft uns schon das bißchen Fett im Brot? Nun, Sie werden sehen, geschätzter Leser: es hilft uns schon. Es hilft uns, weil Brot so wenig Fett enthält und es hilft uns, weil das Fett im Brot so hochwertig ist. Kommen wir also dennoch zur Sache.

Fette sind Verbindungen aus dem »dreiwertigen« Alkohol Glycerin und sogenannten Fettsäuren, langkettigen Gebilden von 4–24 Kohlenstoffatomen. An die drei Hydroxylgruppen (das sind die »Wertigkeiten«) des Glycerin können sich eine, zwei oder drei Fettsäuren anlagern (die beiden Stoffe »verestern« miteinander), und man erhält, wieder mit den griechischen Bezeichnungen für eins, zwei und drei, Monoglyceride, Diglyceride und Triglyceride. Unsere Speisefette, auch die Öle und Fette im Weizen- und Roggenkorn, sind Triglyceride. Nun wissen Sie, vor allem aus der Margarine-Werbung, von BILD und der Regenbogen-Presse bis zu den ernsthaften medizinischen und Ernährungs-Zeitschriften, daß es Fette gibt, die »gut für Ihr Herz« sind. Das klingt schon so ein bißchen nach bloßer Propaganda und kaum noch wie Werbung, aber dahinter steckt doch ein echter Informationswert. Er gilt, wie wir sehen werden, auch und ganz besonders für die Fette in Getreide, Mehl und Brot.

Der Ernährungswert der Fette wird zunächst davon bestimmt, daß 1 Gramm Fett mehr als doppelt soviel Energie enthält wie Proteine und Kohlenhydrate, nämlich rund 9 Kalorien gegenüber nur 4. Fette liefern also viel Energie aus wenig Masse, ihr

Sättigungswert ist hoch, und als Träger vieler fettlöslicher Wirkstoffe (Vitamine z. B.), von Geschmacksstoffen und »Fettbegleitstoffen«, besonders aber als Träger sogenannter »essentieller Fettsäuren« sind die Fette unentbehrliche Bestandteile einer ausgewogenen Ernährung.

Essentielle Fettsäuren müssen, wie die essentiellen Aminosäuren, dem Körper mit der Nahrung zugeführt werden, der Körper kann sie nicht selbst synthetisieren. Es gibt nach Lang 19 essentielle Fettsäuren; die praktisch wichtigsten sind die Linolsäure, die Linolensäure und die Ölsäure.

**Tabelle 11: Fettsäuren in den Getreidefetten (%)**

|  | gesättigte Säuren | Ölsäure | Linolsäure | Linolensäure |
|---|---|---|---|---|
| Weizen | 22 | 16 | 57 | 5 |
| Roggen | 25 | 18 | 48 | 6 |
| Gerste | 14 | 30 | 57 | 1 |
| Hafer | 16 | 45 | 37 | 0 |
| Mais | 12 | 31 | 54 | 2 |

**Tabelle 12: Gehalt an Linolsäure (%)**

| | |
|---|---|
| Safloröl | 70 |
| Sojabohnenöl | 60 |
| Sonnenblumenöl | 60 |
| Baumwollsaatöl | 45 |
| Olivenöl | 10 |
| Schweineschmalz | 1–16 |
| Rindertalg | 2 |
| Butter | 0,5–3 |

Wenn wir uns diese beiden Tabellen angesehen haben, dann kennen wir den einen Grund für unsere Hochachtung vor den Getreidefetten: es sind hochwertige Öle, mit einem sehr hohen Anteil der essentiellen Linolsäure; nur etwa ein Viertel der Fettsäuren sind gesättigt. Die Marke »klein aber fein« gilt auch für den anderen wichtigen Bestandteil der Getreidefette, für die Fettbegleitstoffe. Der wichtigste davon ist – neben einigen Mischverbindungen aus Fetten und Zuckern (Galactolipide) sowie Fetten und Eiweiß (Lipoproteide) – das Lecithin. Lecithin findet sich natürlich vorwiegend im fettreichen Keimling, wegen seiner unmittelbaren Bedeutung für dessen Stoffwechsel und damit für das Entstehen der neuen Pflanze.

Lecithin ist ein Naturstoff von hohem technologischem Interesse, ein »Emulgator, den sich die Natur schuf«, wie es in einer Werbezeile heißt. Es wirkt als »Antioxydans«, verzögert also das Ranzigwerden von Fetten; es beeinflußt, zusammen mit fettartigen Emulgatoren, in einer beachtlichen Wirkungsbreite die »rheologischen« Eigenschaften von Weizenteigen (und ist deshalb verbreiteter Bestandteil zahlreicher Mehlverbesserungs- und Backmittel); es ist an den chemischen Vorgängen bei der Reizleitung durch die Nervenfasern beteiligt; und es spielt im Stoffwechsel als Gegenspieler des Cholesterin und als Bestandteil der Biomembranen aller Körperzellen eine maßgebliche Rolle.

Es wäre verführerisch, sich abschließend in diesem Kapitel zum Thema »Fett macht fett« zu verbreiten und das Fett zu verteufeln. Doch einmal ist die richtige Einordnung der Fette in eine ausgewogene Ernährung zunächst Sache der Ärzte und der praktizierenden Ernährungsforscher. Zum zweiten geriete man allzu leicht in die unerquicklichen Irrungen und Wirrungen des Akademiker-Streits um Butter und Margarine. Der dritte Gesichtspunkt ist der für uns maßgebliche. Zwar mag man dem Fett allerlei Böses nachsagen, anhängen, andichten; seine Funktion als essentieller Nährstoff ist unbestritten. So liefert zum Beispiel die Oxydation der Fettsäuren 60% der Energie des Herz-

muskels, Glucose nur 17%, Lactat 15% und Aminosäuren 8%. Indessen: Brot, als Grund-Bestandteil jeder rationalen Misch-Ernährung, ist dem Diät-Krieg der Mediziner und dem Butter-Krieg der Lobbyisten – sowohl die Margarine-Industrie als auch die Bauernverbände sind mächtige Leute, und deshalb führt das naturwissenschaftliche Remis zwangsläufig zu einem propagandistischen Patt – weitgehend entrückt. Brot enthält fast kein Fett. Brot allein macht sicher nicht dick. Fettsucht existiert tatsächlich; aber haben Sie schon einmal etwas von »Brotsucht« gehört?

Doch noch eines: Fett ist nicht nur Nährstoff, sondern auch Zutat beim Backen. Eine ernste Mahnung: Kaufen Sie nur hochwertige Fette. Und wenn Sie braten, fritieren, in schwimmendem Fett backen, dann trennen Sie sich rechtzeitig von Ihren »Vorräten«. Alte Fette gehören in den Abfall.

## Mineralstoffe, Vitamine

Mancher mag sich wundern, daß diese beiden Stoffgruppen, die zwar beide »Wirkstoff«-Charakter haben, aber stofflich so verschieden sind wie Salz und Öl, hier in einem Kapitel gemeinsam behandelt werden. Der Grund dafür ist ein »äußerlicher«, in des Wortes engem Sinne. Die Schale des Korns und die äußeren Partien seines Mehlkörpers enthalten die höchsten Anteile an beiden Substanzen; ihr gemeinsames Vorkommen rechtfertigt ihre gemeinsame Besprechung.

Wir haben gehört, daß die Typisierung der Mehle nach ihrem Aschegehalt erfolgt, d. h. nach ihren Anteilen an unverbrennlichen Mineralstoffen. Zu diesen Mineralstoffen zählen in erster Linie Natrium, Kalium, Calcium und Magnesium, dann Schwefel, Chlor und Phosphor und einige Metalle wie Eisen und Zink. Letztere rechnet man bereits zu den »Spurenelementen«, zu den Bestandteilen des Korns also, die nur in äußerst geringen Konzentrationen vorhanden sind, deren Fehlen aber gleichwohl Ursache überraschend schwerer Stoffwechsel-Störungen sein kann.

## Tabelle 13: Mineralstoffe und Spurenelemente

|  | Weizen | Roggen | Tagesdosis bei durchschnittlicher Kost |
|---|---|---|---|
| Kalium (%) | 0,56 | 0,61 | – |
| Natrium (%) | 0,06 | 0,01 | – |
| Calcium (%) | 0,09 | 0,10 | – |
| Magnesium (%) | 0,13 | 0,16 | |
| Schwefel (%) | 0,19 | – | – |
| Chlor (%) | 0,04 | 0,02 | – |
| Phosphor (%) | 0,35 | 0,27 | – |
| Aluminium (mg/100 g) | 0,3–2 | 0,5 | 10–200 |
| Kupfer | 0,2–0,8 | 0,1–0,7 | 2–5 |
| Mangan | 1–7 | 1–4 | 1–6 |
| Zink | 1–10 | 1–7 | 12–120 |
| Bor ($\mu$g/100 g) | 10–1000 | 500–900 | ? |
| Chrom | 3–100 | 4–40 | 50–60 |
| Kobalt | 1–4 | 1–11 | 5–10 |
| Molybdän | 20–600 | 10–150 | 200–300 |
| Nickel | 15–90 | 270 | ? |
| Selen | 5–100 | 1–8 | ? |
| Vanadium | 2–8 | ? | 1000–4000 |

Zahlen spielen für unsere Betrachtung an sich gar keine wesentliche Rolle. Wenn wir dennoch in Tabelle 13 eine aus der neuesten Literatur zusammengestellte Datensammlung mit aufnehmen, so deshalb, um zwei Aspekte zu dokumentieren.

1. Dunkle Mehle (mit den höheren Typenzahlen) enthalten mehr Mineralstoffe als helle Mehle.
2. Die Zusammensetzung der Mineral- und Spurenstoffe schwankt in sehr weiten Grenzen – dennoch sind die Mineralstoff-Mengen in

den einzelnen Getreidekörnern relativ konstant. Offensichtlich ist die Mineralstoff-Aufnahme durch die Pflanze nicht selektiv.

3. Kalium und Magnesium dominieren bei Roggen und bei Weizen. Dabei ist sicher das Magnesium der »interessantere« Bestandteil. Es ist nämlich sicher, daß für zahlreiche Stoffwechsel- und insbesondere Kreislaufstörungen die Menge des Magnesiums oder besser das Verhältnis von Calcium zu Magnesium (plus Kalium) eine wichtige Rolle spielt. Magnesium senkt den Cholesterinspiegel, Mangel an Magnesium (und Kalium) kann zu Herzrhythmusstörungen führen. Zu viel Calcium (je mehr Eiweiß desto mehr Calcium!) begünstigt das Entstehen von »Elektrolyt-Kardiopathien«, sofern man nicht für stabilisierenden Magnesium-Ausgleich sorgt. Der Erwachsene soll 200–300 mg Magnesium pro Tag aufnehmen; 100 g Vollkornbrot enthalten ca. 70–80 mg davon. Das sind immerhin rund 25%. Vielleicht wird mancher in Tabelle 13 das Eisen vermissen. Nun, das Weizenkorn enthält etwa 0,01% Eisen. 100 g Vollkornbrot stellen also ca. 5–6 mg, 100 g Weißbrot immerhin noch ca. 2–3 mg Eisen zur Verfügung. Da der Mensch nur 12 mg Eisen am Tag aufnehmen soll (Lang), scheint die Einbeziehung des Eisens in die immer wieder propagierte Anreicherung der hellen Mehle mit Vitaminen (S. 110) keinen rechten Sinn zu haben. Selbst in den USA – deren Bevölkerung ja sehr »enrichment minded« ist – verzichtet man neuerdings darauf. Die anderen in Tabelle 13 aufgeführten Spurenelemente verdienen sicher mehr und mehr die kritische Aufmerksamkeit unserer Ernährungsphysiologen. Aber das, was wir heute über ihr Vorkommen und ihre Bedeutung im Getreide wissen, reicht für eine notwendigerweise sehr kurze Zusammenfassung im Rahmen dieses Buches überhaupt nicht aus. Verzichten wir also darauf.

Erwähnen wir nur noch, daß die »schädlichen« Spurenelemente Blei, Cadmium und Quecksilber im Brot in derart niedrigen Mengen enthalten sind, daß es sich – glücklicherweise – überhaupt nicht lohnt, sich darüber zu unterhalten.

## Vitamine

Unser Wissen über die Vitamine füllt Bibliotheken – keine Chance für uns, auch nur in Andeutungen »umfassend« sein zu können. Gottlob müssen wir das auch nicht sein, denn Weizen und Roggen enthalten praktisch »nur« einige Vitamine der B-Gruppe und – in den fettreichen Partien – das Vitamin E. Wie bei den Mineralstoffen ist auch bei den Vitaminen das volle Korn der Träger der jeweils höchsten Konzentrationen. Je stärker »ausgemahlen« ein Mehl ist – je heller es ist – umso weniger Vitamine enthält es.

Das mit Abstand wichtigste Einzel-Vitamin ist das Vitamin B 1, das Thiamin; die anderen Partner dieser Gruppe,

Vitamin B 2:   Riboflavin
Vitamin B 6:   Pyridoxin
Vitamin PP:   Niacin

sowie die Folsäure und das Biotin, sind zwar auch in beträchtlichen Mengen im Getreide enthalten, doch wird deren Bedarf vorwiegend durch

Milch, Fleisch und Gemüse gedeckt. Anders das Thiamin. Janicki hat bereits vor Jahren die folgende Tabelle 14 zusammengestellt – neuere Untersuchungen haben die Zahlenwerte durch die Bank bestätigt.

---

**Tabelle 14**

| Vitamine | Durchschnitts-Vitaminbedarf mg/Tag | Vitamingehalt in Vollkornbrot mg/200 g | Weißbrot mg/200 g |
|---|---|---|---|
| Thiamin | 1,5* | 0,6 | 0,12 |
| Riboflavin | 1,6* | 0,30 | 0,10 |
| Nikotinsäure | 14,0* | 7,0 | 1,6 |
| Pyridoxin | 1,6 | 0,72 | 0,20 |
| Pantothensäure | 10,0 | 1,3 | 0,80 |
| Folsäure | 0,1 | 0,004 | – |
| Biotin | 0,01 | 0,006 | 0,004 |
| Vitamin E | 20,0 | 4,25 | 2,9 |
| Carotin | 3,3 | 0,396 | 0,0 |

\* Diese Zahlen entsprechen etwa den von den Vereinten Nationen in den »Recommended Dietary Allowances« angegebenen Werten

---

## Thiamin

Aus Tabelle 14 geht die Sonderstellung des Thiamin – und des Brotes für die Zulieferung von Thiamin – zunächst nicht deutlich hervor. Man muß einiges mehr wissen. Brot (immer natürlich in der weiten Bedeutung des Wortes zwischen Brötchen und Pumpernickel) deckt 30–40% des täglichen Thiamin-Bedarfs. Brot (mit Abstand auch die Kartoffel) ist die billigste Thiamin-Quelle. Und schließlich ist Thiamin eines der wenigen Vitamine, deren Versorgung bisweilen unter die Grenze der empfohlenen Dosierung in der täglichen Nahrung hinunterrutschen kann! Dies und die Erfahrung, daß vermehrter Stoffwechsel – Leistungssport, Schwangerschaft und Still-Periode, Erkrankungen; lassen Sie sich, bitte, wenn der Arzt Ihnen Antibiotika verordnet, stets »B-Komplex« mit aufs Rezept schreiben – eine erhöhte Thiamin-Zufuhr auf Werte bis zu 2 mg/Tag zwingend notwendig macht, verschaffen Getreideerzeugnissen und Brot eine ganz besondere Stellung in unserer Ernährung. Eine ausgesprochene Thiamin-Avitaminose ist nicht bekannt (Beriberi ist eine Mangel-Folge des gesamten B-Komplexes). Im Stoffwechsel ist Thiamin als Thiamin-pyrophosphat wirksam; im Zwölffingerdarm wird es resorbiert. Bei Alkoholikern ist diese Resorption beeinträchtigt, doch braucht man sicher nicht bei einem Glas zuviel gleich zur Thiamin-Pille zu greifen.

Thiamin-Mangel bewirkt Störungen im Kreislaufsystem und besonders beim Zuckerabbau. Ein Tip für alle, die gern (zu viel) Zucker essen: kompensieren Sie regelmäßig mit Thiamin.

## Vitamin E

Das andere wichtige Brot-Vitamin ist das Vitamin E (Tocopherol). Dies ist im Gegensatz zum Thiamin ein »fettlösliches« Vitamin, d. h. es ist mit den Getreidefetten vergesellschaftet und findet sich deshalb in erster Linie im Keimling. Auch helle Mehle enthalten jedoch noch etwa die Hälfte der Tocopherole. Vitamin E ist ein Antioxydans, d. h. es verhindert die – häufig schädliche – Oxydation von Fetten und seinen Begleitstoffen, es stabilisiert das Vitamin A sowie viele Enzyme und Hormone. Es verhindert bzw. verzögert die Umwandlung der essentiellen Fettsäuren (S. 104); auch in der Atmungskette besitzt es antioxydative Schutzfunktionen. Wem der Arzt viel Linol- und Linolensäure verschrieben hat, soll zusätzlich Vitamin E erhalten. Verluste an Vitaminen treten nicht nur bei der Vermahlung des Korns zu Mehl auf, sondern bereits bei mehrmonatiger Lagerung des Getreides und natürlich beim Backen. Am höchsten sind die Verluste beim Pumpernickel (50–75%), am schwächsten bei Weißbrot (10–20%).

## Anreicherung

Immer wieder einmal kommt im Fach die Anregung hoch, die hellen Mehle zu vitaminisieren, d. h. sie mit den Vitaminen des B-Komplexes auf die Werte des vollen Korns anzureichern. So etwas hat natürlich sehr viele und sehr unterschiedliche Aspekte. Kein Zweifel, daß der »Nährwert« von Mehl und Brot damit fühlbar verbessert werden kann. Kein Zweifel aber auch, daß der Zusatz Geld kostet und daß beim Backen nicht unerhebliche Mengen der – ja nicht an die Zell-Formation gekoppelten – zugesetzten Vitamine zerstört werden. In den USA werden für eine umfassende »fortification« von Mehl und anderen Getreideerzeugnissen folgende Mengen vorgeschlagen (in mg/100 g):

| | |
|---|---|
| Vitamin A | 0,48 |
| Thiamin | 0,64 |
| Riboflavin | 0,40 |
| Niacin | 5,29 |
| Pyridoxin | 0,44 |
| Folsäure | 0,07 |
| Eisen | 8,81 |
| Calcium | 198,20 |
| Magnesium | 44,10 |
| Zink | 2,20 |

Der Autor hat große Zweifel daran, ob ein solch gewaltsamer »Rundschlag« bei uns Sinn hat. Es gibt Marken-Mehle, die seit 2 Jahrzehnten mit B-Komplex vitaminisiert werden: ihren Marktanteil verdanken sie ihrer Marke, nicht der Anreicherung. Dabei ist der Zusatz von B-Komplex von allen in Frage kommenden Additiven noch der mit der am besten begründbaren ernährungsphysiologischen Argumentation. Die anderen Stoffe aber – und das Eisen gehört auch dazu – sollte sich der Normalverbraucher auch »normal« zuführen: über eine geregelte Durchschnittskost mit allem, was dazu gehört. Brot ist unentbehrlich für jede Durchschnittskost. Niemand will den Bäckerladen neben der Apotheke ansiedeln.

Ein Vitamin wird den meisten Mehlen

in aller Welt zugesetzt: Vitamin C (Ascorbinsäure). Aber das tut man nicht aus Gründen der Vitaminversorgung (Getreide enthält nur Spuren von Vitamin C; Südfrüchte und Obst bieten es reichlich an), sondern aus technologischen Gründen. In gärenden Teigen wirkt die Ascorbinsäure nämlich als ein Oxydationsmittel, und Sauerstoff bewirkt in der Tat über seine Reaktion mit bestimmten Aminosäuren eine Verbesserung der Teigstruktur und damit der Gebäckqualität. Für eine Vitamin-Wirkung brauchte man mindestens 10 g Ascorbinsäure je 100 kg Mehl; ihre technologischen Zusätze begnügen sich in der Regel mit 1–2 Gramm.

## Ballaststoffe

Die »Entdeckung der Ballaststoffe« ist das Ernährungs-Ereignis des vergangenen Jahrzehnts. Ein zu großes Wort? Halten wir also ein paar Fakten fest. Das Getreidekorn (S. 39) ist von einer festen Hülle umgeben, die die wertvollen Nährstoffe des Mehlkörpers gegen äußere Einflüsse schützt. Bei der Mehlherstellung fallen diese Schalen in Form grobflockiger oder feingranulierter »Kleie« an, die noch etwa 10% Stärke enthält, rund 20% Eiweiß und über 5% Mineralstoffe. Den dominierenden Rest bilden für den Menschen unverdauliche Polysaccharide – Hemicellulose, Cellulose und Lignin im Verhältnis 55:35:10. Wir fassen sie unter den Begriff Ballaststoffe zusammen und wollen gleich auch den englischen Fachausdruck hinzufügen: dietary fibre. Denn dieses Wort führt uns in die richtige Richtung. Noch vor zehn Jahren wäre kaum einer in Deutschland auf die

Idee gekommen, Kleie zu essen. Das Mühlennachprodukt Kleie galt als reines Futtermittel, und allenfalls ein paar sehr Ernährungsbewußte – und ein paar Leute, denen der Arzt sie verschrieben hatte, kamen ins Reformhaus oder in die Apotheke, um sich Kleie zu kaufen.

Heute ist das ganz anders geworden. Die Zahl derjenigen, die – regelmäßig, oder auch in Abständen – Kleie zu sich nehmen, ist gewaltig gestiegen. Und der Anstieg bleibt. So etwas gibt es auf dem Gebiet der Nahrungsmittel nur ganz selten: es müssen also sehr gewichtige Anstöße gewesen sein, die diesen Wandel zu den Ballaststoffen veranlaßt haben.

Zugegeben – wie bei allen Reizworten ist auch hier Vorsicht geboten. Der informations-übersättigte Mensch unserer Tage, gestreßt zwischen Litfaßsäulen und Radio, Zeitungsanzeigen und Television, Traktätchen und Mitteilungsblättern aus Handel und Gewerbe, hat eine berechtigte Scheu davor, in bloßen Schlagworten Substanz, Realität, Sinn erkennen zu sollen. Doch hier ist eine Ausnahme. Eine der wichtigsten und mittlerweile auch ernstlich nicht mehr bestrittenen Erkenntnisse der modernen Ernährungsforschung ist die Tatsache, daß der Mensch ausreichende Mengen an Ballaststoffen zu sich nehmen soll, um seine Verdauung im Gleichgewicht zu halten. Man wird sich wundern dürfen, warum diese Erkenntnis so relativ spät erst ins Bewußtsein der Menschen unserer Tage gelangt ist. Tatsächlich stammen die ersten diesbezüglichen Forschungsergebnisse schon aus den vierziger Jahren, aber inzwischen ist die Lehre von den Ballaststoffen und ihren Wirkungen schon ein Teilbereich der medizinischen Physiologie geworden und das Standardwerk – ein Buch der englischen Tropenärzte D. P. Burkitt und H. C. Trowell aus dem Jahre 1975 – zitiert über tausend Literaturberichte, die die Autoren ausgewertet und zu ihrer Darstellung herangezogen haben. Ballaststoffe, so also unser erstes Resümee, sind nicht bloß modernistisch »in«. Sie sind ganz real »entdeckt« worden, wie die Anti-Skorbut-Wirkung des Vitamin C, wie die Leberfunktion der essentiellen Fettsäuren, wie die Tatsache, daß Proteingemische in bestimmten Verhältnissen allen unvermischten Proteinen biologisch überlegen sind. Die positive Wirkung der Ballaststoffe beginnt schon im Mund. Das »Membrangefühl« verzögert das bloße Schlucken – so wird zusätzlich Speichel produziert. Im Magen verweilt der ballaststoff-angereicherte Speisebrei länger – die Magensäfte haben Zeit zur Wirkung, neues Hungergefühl verzögert sich, vor allem aber wird ein Säureüberschuß abgepuffert, der bekanntlich die wichtigste Quelle vieler Magenbeschwerden bildet. Den Darm regt der voluminöse, stark quellfähige Darminhalt zu verstärkter Tätigkeit an: die Peristaltik wird beschleunigt, Sekrete bilden sich rascher. Im feuchteren Medium der kräftiger arbeitenden Darmwände kann die Darmflora ihre partiellen Verdauungsfunktionen besser erfüllen. Die Passage bis zum Dickdarm hin wird beschleunigt und der schließliche Austritt des Unverdaulichen geschieht leicht und ohne die verkrampften Qualen, unter denen so viele Mitmenschen leiden.

Parallel zu diesen Befunden laufen die Folgen, die man bei Ballaststoff-Mangel beobachtet hat. Darmerkrankungen – von der Diverticulose über Blinddarmentzündung bis zum Krebs – können hier ihre Ursache haben. Der bei der erschwerten Defäkation erforderliche Druck führt zwangsläufig auch zu Drucksteigerungen in den Gefäßen: Venenentzündungen, Krampfadern, Hämorrhoiden sind naheliegende Folgen. Die Entdeckung der Ballaststoffe hat also nicht nur neue Verhaltensregeln für die Ernährung des modernen Menschen gebracht, sie hat auch gleichzeitig zahlreiche Krankheiten neu zu beurteilen – und zu bekämpfen gelehrt. Nun gibt es – außer in der Kleie – Ballaststoffe natürlich auch in Gemüse, Früchten und Obst, auch in Kartoffeln. Die Überlegenheit der Kleie ist die Folge einer ihrer mechanischen Eigenschaften, der nämlich, große Mengen Wasser binden zu können, bis zum Sechsfachen ihres Eigengewichtes: die meisten Obst- oder Gemüse-»Schalen« schaffen kaum das Doppelte. Natürlich müssen wir uns gerade in diesem Buche fragen, ob man sich die für eine ungestörte Verdauung erforderliche Menge Ballaststoffe (10–15 g Kleie pro Tag) nicht auch durch Brot, vor allem Vollkornbrot, zuführen kann. Im Prinzip ist das richtig, und niemand sei daran gehindert, das zu tun. Aber möchten Sie, verehrter Leser, bloß im Hinblick auf die Ballaststoffe auf das knackige Brötchen, auf das kräftige Bauernbrot, auf eine ofenfrische baguette verzichten? Mit Mühlenkleie sind Sie flexibel. Man kann sie in vielfältiger Form zu sich nehmen.

# Das Brot-Sortiment und seine Prüfung

Der General de Gaulle soll einmal, von der Schwere seines Amtes frustriert, geseufzt haben: »Wie kann man ein Land regieren, in dem es 280 Sorten Käse gibt?« Kaum weniger schwierig dürfte es sein, die Vielzahl des Brot-Sortiments in der Bundesrepublik übersichtlich, vollständig und noch dazu lesbar darzustellen. Gottlob haben die Gewerbe, die CMA, die Vereinigung Getreide-, Markt- und Ernährungsforschung e. V. und andere Institutionen in den letzten Jahren zahlreiche gut gemachte und brillant illustrierte Broschüren herausgebracht. Aus den »Brotzeiten« der GMF zeigen wir – mit deren Genehmigung – auf den Seiten 54/55 einen anschaulichen Überblick über das Sortiment, mit dem uns kleine und große Bäcker täglich von Neuem erfreuen.

Indessen sind dies im wesentlichen nur die gängigen der über 200 bundesdeutschen Brotsorten. »Spezialbrote« gibt es daneben in Hülle und Fülle, mit bunten, mehr oder (besonders) weniger informativen Namen, in dutzenden von Formen und Größen, in allen denkbaren Geschmacksrichtungen, mit vielerlei Zutaten. Deutscher Ordnungsliebe haben wir die Tabelle auf Seite 115 darüber zu verdanken. Natürlich fehlen in dieser auf die Zusammensetzung bezogenen Tabelle alle Hinweise auf regionale Eigenheiten wie auf religiöse und konfessionelle Anlässe; auch die Herstellungs-Verfahren werden kaum angesprochen. Professor Pelshenke hat 1949 sein »Gebäck aus Deutschen Landen« vorgelegt; seither hat sich – leider – niemand mehr um eine große, großzügige, wirklichkeitsnahe Darstellung bemüht. Jeder Wein-Kenner wird mit Fug die Behauptung unserer Winzer-Genossenschaften bezweifeln, deutscher Wein sei »einzig unter den Weinen«. Daß das deutsche Brot »einzig unter den Broten« ist, dafür, so glaube ich, gibt es viele gültige, köstliche Belege – nur keine überzeugende Dokumentation.

Es hat nicht viel Sinn, diesem Manko nachzutrauern, zumal im vorliegenden Rahmen ohnehin keine Möglichkeit bestünde, es zu beseitigen. Fragen wir uns besser, warum gerade bei uns diese Fülle an Brotsorten existiert, warum gerade wir den damit verbundenen Problemen der Qualitäts-Differenzierung so intensiv nachgehen, warum wir, bei hohen Weizen-Ernten, zusätzlich noch Weizen importieren?

Nun, das liegt, verehrte Leser, an Ihnen selbst. Sie sind es nämlich gewohnt, und Sie würden unter gar keinen Umständen diese Gewohnheit ändern mögen, Brot als Unterlage für Belag – Wurst und Käse vor allem – zu benutzen. Eine solche Unterlage muß eine gewisse mechanische Festigkeit besitzen, sonst bekommen Sie einen unappetitlichen Mischmasch und keine Stulle oder – neuhochdeutsch – kein Sandwich. Und jetzt verstehen Sie auch, weshalb wir in diesem Buch öfter die mechanische Festigkeit der Brotscheibe angesprochen haben. Wir sind es ja seit alters her – d. h. also vom Roggenbrot her – gewohnt, Brot in Scheiben zu schneiden und als solches mit Belag zu verzehren. Das ist aber alles andere als eine Selbstverständlichkeit. In Frankreich, in Italien und in anderen Ländern Südeuropas schneidet man das Brot nicht, man bricht es. Die Kaisersemmel, diese köstliche Errungenschaft unserer österreichischen Nachbarn (man findet sie zwar auch in Süddeutschland, aber nur in Wien entwickelt sie ihren ganzen Charme), wird gebrochen. Es ist fast eine Barbarei, sie mit dem Messer durchzusäbeln. Brot, das gebrochen wird, braucht natürlich keineswegs die mechanische Festigkeit einer Sandwich-Scheibe oder einer belegten Butterstulle zu haben. Man kann es aus »schwächeren« Weizenmehlen herstellen und es steckt eben viel romanische ratio in der Sitte der Franzosen, ein Brot entwickelt zu haben, das mit den natürlichen Weizenqualitäten des Landes ohne Zusatz ausländischer »Korsettstangen« produziert werden kann.

## Beurteilung von Brot

Es liegt auf der Hand, daß Profis ihre Erzeugnisse anders beurteilen als Laien. Um Maßstäbe zu gewinnen und zu formulieren, aber auch, um Anreize zu immer besserem Brot zu schaffen, führt die Deutsche Landwirtschafts-Gesellschaft (DLG) zweimal im Jahr – jeweils unter Leitung des Direktors des Detmolder Bäckerei-Instituts – eine Brotprüfung durch. Die Betriebe erhalten das Datum der Prüfung so kurzfristig, daß sie gar keine Zeit haben, »getürkte« Proben ihres Könnens einzuschicken, und an Ort und Stelle prüfen und richten einige Dutzend erfahrene Praktiker und Wissenschaftler das übersandte Angebot. 1980 waren das 1609 Proben.

Damit die Betriebe von dieser Prüfung auch etwas haben, vergibt die DLG Preise. Keine Geldpreise natürlich, auch keine Gutscheine für Mehl oder Hefe, sondern Diplome, die, blickfangend drapiert, im Laden oder im Chefbüro von der Qualität des jeweiligen Sortiments künden. 5,2% große Preise gab es 1980, 44,5% silberne Preise, und 24,2% der Brote erhielten noch eine Bronzemedaille. Immerhin erreichten 26% nicht das Klassenziel; das spricht für die Rechtschaffenheit der Prüfer und demonstriert die unterschiedlichen Auffassungen darüber, was »Qualität« ist. Wenn Sie also, verehrte Hausfrau, demnächst bei Ihrem Bäcker das gerahmte DLG-Diplom sehen: kaufen sie weiter von ihm, er hat's verdient.

# Tabelle 15:

**Brot**

Kleingebäck

Schnittbrot

## Ganzbrot

| Weizenanteile mindestens 90% | Weizenanteile 50 bis 89% | Roggenanteile 50 bis 89% | Roggenanteile mindestens 90% |
|---|---|---|---|
| Weizenbrot (Weißbrot) | Weizenmischbrot | Roggenmischbrot | Roggenbrot |
| Weizenbrot (Weißbrot) mit Fett, Zucker | Weizenmischtoast-Brot | Roggenmischtoast-Brot | Roggentoast-Brot |
| Weizentoast-Brot | Weizenmischbrot mit Schrotanteil | Roggenmischbrot mit Schrotanteil | Roggenbrot mit Schrotanteil |
| Weizenbrot mit Schrotanteilen | Weizenmischtoast-Brot mit Schrotanteil | Roggenmischtoast-Brot mit Schrotanteil | Roggentoast-Brot mit Schrotanteil |
| Weizenbrot mit Schrotanteil, Fett, Zucker | Weizenschrotmischbrot | Roggenschrotmischbrot | Roggenschrotbrot |
| Weizentoast-Brot mit Schrotanteil | Weizenschrotmischtoast-Brot | Roggen-Weizen-Vollkornbrot | Roggen-Vollkornbrot |
| Weizenschrotbrot (auch Grahambrot) | Weizen-Roggen-Vollkornbrot | | |
| Weizenschrottoast-Brot | | | |
| Weizen-Vollkornbrot | | | |

## Spezialbrote

| | | | |
|---|---|---|---|
| mit besonderen Getreidearten (»Nicht-Brotgetreide«) z. B. Dreikornbrot, Vierkornbrot, Fünfkornbrot | mit besonderen Zugaben tierischen Ursprungs z. B. Milchbrot, Milcheiweißbrot, Sauermilchbrot, Buttermilchbrot | mit besonderen Zugaben pflanzlichen Ursprungs z. B. Weizenkeimbrot, Malzbrot, Leinsamenbrot, Sesambrot, Rosinenbrot, Gewürzbrot, Kleiebrot | mit verändertem Nährwert: Eiweißangereichertes Brot, Kohlenhydratvermindertes Brot, Kalorienvermindertes Brot |
| aus besonders bearbeiteten Mahlerzeugnissen z. B. Steinmetzbrot, Schlüterbrot | mit sauren Milcherzeugnissen: Joghurtbrot, Kefierbrot, Quarkbrot, Butterbrot, Molkebrot | mit Ölsamen | Diätetische Brote: Eiweißarmes Brot (Stärkebrot), Glutenfreies (gliadinfreies) Brot, Diabetiker-Brot, Natriumarmes (kochsalzarmes) Brot |
| mit besonderen Teigführungen z. B. Simonbrot, Loosbrot | | | Vitaminisierte Brote |
| mit besonderen Backverfahren z. B. Holzofenbrot, Steinofenbrot, Dampfkammerbrot, Gersterbrot, Trockenflachbrot, Pumpernickel | | | |

Aus: DLG-Band 152, Seite 18

# Leben mit Brot

Noch einmal – warum essen wir Brot? Wir wissen jetzt, worauf es beim Brotbacken ankommt, wir kennen einiges von seinen Inhaltsstoffen, wir haben einen Blick in seine Geschichte getan und etwas gehört von seiner wirtschaftlichen Bedeutung. Das rechtfertigt den Versuch einer zusammenfassenden Betrachtung.

1) Brot bringt viel Eiweiß. 100 g Brot enthalten ebensoviel Eiweiß wie
   250 g Milch
   200 g Joghurt
   90–100 g Fisch
   70 g Ei
   50 g Quark
   50 g Fleisch
   Brot-Eiweiß ist eine optimale Ergänzung der tierischen Eiweißstoffe. Die Abb. Seite 101 besagt ja nicht nur, daß eine Mischung aus 76% Milchprotein und 24% Weizenprotein eine optimale biologische Wertigkeit besitzt. Dieser Befund läßt sich auch umgekehrt formulieren: Weizeneiweiß wertet das Milcheiweiß auf – Milch wird durch Brot erst gut!

2) Brot ist arm an Fett. Ein paar Vergleiche – Sie werden genauso überrascht sein wie der Autor, als er diese Zahlen aus den amtlichen Tabellenwerken herausrechnete. Früchte sind ja bekanntlich das Schulbeispiel für »fettfreie« Lebensmittel. Prüft man aber die analytischen Zahlenwerte einmal durch, dann findet man, daß Brot prozentual nur doppelt so viel Fett aufweist wie Trauben, Erdbeeren, Heidelbeeren oder Kirschen und nur die Hälfte bis Dreiviertel von Trockenobst. Sanddornsaft hat doppelt so viel Fett wie Brot!

3) Brot stellt die richtigen Kohlenhydrate zur Verfügung. Zucker ist eine höchst genußreiche Zutat für viele leckere Sachen, vom Schokoladenpudding bis zur Sahnetorte. Zucker ist unentbehrlich für eine ausreichende Energiezufuhr. Aber Zucker, wenn er mehr als ein Zehntel der notwendigen Kalorienzufuhr zur Verfügung stellt, belastet Herz und Kreislauf, sättigt ohne zu »ernähren«, bietet »leere« Kalorien. Die Kohlenhydrate des Brotes werden demgegenüber langsam, schonend zu für den Stoffwechsel verwertbaren Zuckern abgebaut. Mit den Kohlenhydraten des Brotes vergesellschaftet sind Vitamine, Mineralstoffe, Spurenelemente und Ballaststoffe. Auch die Kartoffel – für deren Stärke dasselbe gilt wie für die Stärke des Brotes – kann diese Vielfalt nicht bieten. Sie enthält zwar viel Vitamin C, fungiert aber auf dem Küchenzettel viel stärker als bloße »Beilage« als das doch mehr eigenständige Brot. Zudem müssen Kartoffeln zubereitet sein. Es gibt Kartoffelgerichte von erlesenem Wohlgeschmack. Aber vielfach sind sie fade (Kartoffelbrei, Salzkartoffeln), und manche sind ausgesprochen fettreich und schwer verdaulich (Chips, Fritten).

4) Brot liefert einen guten Teil des

Vitamin B 1. Hier liegt die Bedeutung nicht so sehr in den individuellen Mengen, sondern in der Regelmäßigkeit des Verzehrs. Schweinefleisch enthält viermal mehr Thiamin als Brot – aber wieviel Schweinefleisch ißt man, und wieviel Brot? Wir kennen aus den Tabellen Seite 107 und 109 die »Verarmung« der hellen Mehle an Vitaminen und Mineralstoffen. Das sind Zahlen von vor 15 Jahren. Die moderne Technologie – der man häufig ihre Menschenfeindlichkeit vorwirft – wirkt hier durchaus im Sinne der Ernährungswissenschaften. Im Zuge der neuzeitlichen Mühlentechnik werden auch in den hellen Mehlen schon Teile derjenigen Kornpartien erfaßt, in denen die Vitamine des B-Komplexes konzentriert auftreten. Wir können heute davon ausgehen, daß die gängigen Bäckermehle der Type 550 deutlich mehr Thiamin enthalten als früher.

5) Brot sorgt für verdauungswirksame Ballaststoffe. Deren »Fehlen« im weißen Brot nehmen hierzulande Sektierer zum Anlaß, den Menschen den Weg zum Bäcker zu verleiden. Wir sollen, wenn es nach diesen Leuten geht – promovierte Mediziner darunter – unser Korn selber schroten (auf gleichzeitig angebotenen Schrotmühlen!), das Schrot selber aufarbeiten und verbacken: nur so könne man sich des vollen Getreidenutzens versichern. Mühlenindustrie: überflüssig. Brotindustrie: überflüssig. Brötchen und Weißbrot aus »raffiniertem« Weißmehl: ungesund und zahnschädlich. Nun, wir sind gottlob ein freies Land, und jedermann hat das Recht auf seinen eigenen spleen. Daher einige wenige Tatsachen.

Die deutsche Mühlenindustrie vermahlt rund 5,7 Millionen Tonnen Getreide im Jahr. Sie hat dazu ihre eigene rationalisierte Logistik aufgebaut: für den Kauf des Getreides, für seine Lagerung und Reinigung, für die Lagerung des Mehls, für seinen Transport zum Händler und Verbraucher. Wer soll das – bei super-dezentralisierter Kleinmühlen-Schrotung – bewerkstelligen? Wer sorgt für das Angebot von 200 Brotsorten, auf das wir so stolz sind? Wer schafft Neuentwicklungen, wer kontrolliert die Betriebs-Hygiene, wer verantwortet den administrativen Mehraufwand (denn der Bauer, so viel ist sicher, besteht auf dem ihm zugesicherten Garantiepreis!)?

Doch das ist es ja nicht allein. Auch die physiologischen Argumente der Do-it-yourself-Apologeten rechtfertigen nicht ihre bisweilen mittelalterliche Intoleranz gegenüber den normalen Brötchenessern. Brot ist ja immer nur ein Teil unserer Ernährung, mit Brot deckt der Normalverbraucher 5–25% seines Kalorienbedarfs.

Was im »Weißmehl« (eine bewußt diffamierende Wortwahl, sie soll die Assoziation zum »Weißzucker« herstellen und hält die Anti-Bleich-Emotionen wach) gegenüber dem vollen Korn »fehlt«, fällt ja in den Dimensionen der Gesamt-Nahrungsaufnahme längst nicht so stark ins Gewicht, wie man uns glauben machen will. Unsere

Nährstoffbilanz würde beim Verzicht auf helles Mehl – immer vorausgesetzt, wir essen genügend Ballaststoffe – zugunsten eines ausschließlichen Verzehrs von Vollkornerzeugnissen nur ganz unwesentlich verschoben. Man kann das leicht nachrechnen.

Von all dem sollten wir uns die Freude am Brot-Backen und am Brot-Essen nicht vermiesen lassen. Wer an einer solchen A bis Z-Autarkie Gefallen findet, möge sie betreiben. Aber für besserwisserische Intoleranz sollte uns unser reicher Brotkorb zu schade sein.

6) Brot ermöglicht eine wirksame Reduktions-Diät. Der Gießener Professor Erich Menden hat Mitte der siebziger Jahre eine Reduktions-Diät entwickelt. Sie sieht die Aufnahme von 1200–1500 Kalorien vor (60% des Normal-Bedarfs) und deckt 46% davon mit 220–275 g Brot pro Tag. Die Ergebnisse sind eindrucksvoll. Man erzielt innerhalb von 4 Wochen Gewichtsabnahmen zwischen 2 und 10 kg, die Werte des Serum-Cholesterin werden signifikant herabgesetzt, ebenso die der Triglyceride; das Gesamt-Protein im Serum bleibt gleich, die leichten Anstiege des Blutzuckers bleiben im Normbereich. Alle Versuchspersonen blieben über die gesamte Versuchsdauer stets gesättigt. Wir können und wollen in diesem Rahmen keine Diskussion beginnen um das Für und Wider von Versuchs-Diäten. Wir wollen, gleichsam als Pünktchen auf dem i, nur festhalten, daß man auch mit Brot sein Gewicht reduzieren kann

und daß dies sogar eine besonders leicht zu praktizierende, angenehme Diät sein kann.

Professor Menden's Resümee: Der Vorzug der beschriebenen Reduktionsdiät mit hohem Brotanteil liegt aus ernährungsphysiologischer Sicht in der Tatsache, daß diese Diät im Gegensatz zu Diätformen mit extremen Nährstoff-Relationen oder mit industriell gefertigten niederkalorischen Fertigmenüs in den meisten Fällen keine radikale Umstellung der Ernährungsgewohnheiten erfordert. Eine Erziehung zu einer dem Bedarf angepaßten Ernährung wird gefördert und der Übergang zu einer wieder »normalen«, gegenüber vorher jedoch kalorienreduzierten Ernährung vereinfacht. Der heute häufig anzutreffende unphysiologische und fatale Trend zu einer »Schaukelpolitik« mit rascher Gewichtsabnahme, der meist wieder ebenso rasche Gewichtszunahme folgt, erfährt keine Unterstützung.

## Brot zwischen Mythologie und Moderne

Am Schluß unserer kleinen Betrachtung um das Brot kehren wir noch einmal zu seinen Ursprüngen zurück. Sie reichen bis in die Mythologie, und davon ist uns keine besser überliefert als die Geschichte, und die Geschichten der Götter Griechenlands.

Kronos, der Sohn des Ur-Vaters Uranos, hat mit Rhea drei Söhne: Zeus, Poseidon und Hades, und drei Töchter: Hera, Hestia und Demeter, die »Kornmutter«. Demeter und Zeus haben eine Tochter, Persephone, die Hades entführt. Dies löst eine der faszinierendsten Deutungen des Zyklus vom Wachsen und Vergehen der Saaten aus. Aus Schmerz über den Raub ihrer Tochter läßt Demeter, grollend in zurückgezogener Einsamkeit, die Saaten verdorren. Erst als ihr der hohe Götterrat zusichert, Persephone dürfe zwei Drittel des Jahres im Olymp verbringen, beauftragt sie Triptolemos, den Getreidebau wieder zu beginnen und zu verbreiten. Seither ist das Korn, wie Persephone, acht Monate über der Erde, im Licht; vier Monate ruht es im Dunklen. In der Verehrung der Demeter, so Professor Lessing, »lebt die Religiosität der von der kriegerischen griechischen Herrenschicht unterdrückten bäuerlichen (vorderasiatischen) Bevölkerung fort«. Und Professor Buré, 1974 bis 1976 Präsident der Internationalen Gesellschaft für Getreidechemie, hat ein einfühlsames Psychogramm dieses mythologischen Vorgangs gezeichnet: »Die Psychoanalyse der beiden Göttinnen führt zu der Grunderkenntnis, daß der Tod zum Leben gehört. In der Weltordnung kann der Lebensatem nicht isoliert bestehen, er muß sich mit dem Tode mischen. Wie das Kind Persephone das Zeichen des Todes ist, so ist es zugleich ein Zeichen für den Wunsch zu leben. Damit der Mythos seine volle Bedeutung erhält, konnte das Kind der Demeter auch kein Knabe sein, ein solcher könnte ihr ihr eigenes Bild, das ja vom Tode gekennzeichnet ist, nicht wieder zurückgeben. Im Mythos verhält sich Demeter gegenüber Persephone so, als ob diese sie selbst sei, als ob sie selbst geraubt und in die Unterwelt gebracht und als ob sie für sich selbst darum kämpfen müsse, ans Licht zurückkehren zu

dürfen. Die Mutter kann ein Stück ihres Selbst verlieren (und auf diese Weise etwas von ihrem eigenen Tod vorwegnehmen), aber immer wieder wird sie sich in diesem anderen Mädchen wiedererkennen.«

Im römischen Götterhimmel heißt Demeter Ceres. Dort ist die Göttin der Feldfrüchte zugleich Beschützerin der Armen und der Volkstribunen. Nach ihr heißen in fast allen Weltsprachen, in den lateinisch-romanischen natürlich, aber auch im Englischen und im Russischen, die Getreidepflanzen Cerealien: Getreide ist Name und Symbol der Fruchtbarkeit dieser Erde. Und damit sind wir mitten in der Aktualität der achtziger Jahre. Welthungerhilfe, Brot für die Welt, Terre des Hommes – die großen karitativen Anstrengungen der heutigen Zeit gelten mit gleichem Rang der Besiegung des Hungers wie der Bekämpfung der Krankheiten, und es gibt kaum einen Futurologen, der für das ausgehende zwanzigste Jahrhundert nicht Hungerkatastrophen erschreckendsten Umfangs voraussagt. Wir wissen nicht, ob die Realität so düster sein wird wie die Prognose. Wohl gilt, im erweiterten Wortsinn, die alte Bitte um das »tägliche Brot« der Nahrung des Menschen allgemein, alle Fruchtbarkeit unserer Erde ist angesprochen. Aber die Individualität »Brot«, so resümieren wir den Lauf der Geschichte, hat die Menschen wie kein anderes Nahrungsmittel von ihren Ursprüngen bis auf den heutigen Tag begleitet. Unserer Zeit bleibt die Perversion einiger Einzelgänger vorbehalten, ein »Leben ohne Brot« zu postulieren. Ein »Leben mit Brot« ist unser Dank dafür, daß es Brot gibt.

# Stichwortverzeichnis

# Literaturverzeichnis

Bayer, Dorothea: O gib mir Brot. Schriftenreihe des Deutschen Brotmuseums, Ulm

Behm, Jonny: Sandwich, Toast und Brotgerichte. Heimeran-Verlag, München

Blümel, Fritz und Boog, Waldemar: 5000 Jahre Backofen. Herausgegeben von der Firma Werner & Pfleiderer und dem Deutschen Brotmuseum, Ulm

Brot und Feine Backwaren – Eine Systematik der Backwaren in der Bundesrepublik Deutschland und in West-Berlin. Arbeiten der Deutschen Landwirtschafts-Gesellschaft, Band 152

Buré, Jean: Ceres – Mythologie und Psychoanalyse. Zeitschrift »Mühle« Nr. 41/1974

Cremer, Hans-Diedrich, und Hötzel, Dieter (Herausgeber): Ernährungslehre und Diätetik, Band III. Angewandte Ernährungslehre. Georg Thieme Verlag, Stuttgart

Exner, Eva: Brot zu jeder Zeit. Heimeran-Verlag, München

Klever, Eva und Ulrich: Selber Brot backen. Gräfe und Unzer, München

Kürtz, Jutta: Das Brotbackbuch, Verlag Wolfgang Hölker, Münster

Lang, Konrad: Biochemie der Ernährung. Steinkopf Verlag, Darmstadt

Menden, Erich und Aign, Waltraute: Die Brot-Diät – ein Schlankheitsplan ohne Extreme. Falken-Verlag, Niedernhausen

Pelshenke, Paul: Gebäck aus deutschen Landen. Gilde-Verlag, Alfeld

Rohrlich, Matei: Brot – ewiges Motiv künstlerischen Schaffens. Verlag Moritz Schäfer, Detmold

Schäfer, Werner (Herausgeber): Brot in unserer Zeit. Verlag Moritz Schäfer, Detmold

Stein, Elke: Hungrige speisen. Schriftenreihe des Deutschen Brotmuseums, Ulm

Stokar, Walter von: Die Urgeschichte des Hausbrotes. Johann Ambrosius Barth-Verlag, Leipzig

**Bildnachweis**

# Praktische Bücher für den Selbstversorger

Werner Schäfer
Band 48: **Brot backen**
Viele Rezepte und manche
Kniffe, um schmackhaftes
Brot selbst zu backen

Dave Laing/John Hendra
Band 49: **Bier brauen**
Selbst brauen mit genauen
Anleitungen und Original-
rezepten aus England

Christian Glynn
Band 50: **Käse machen**
Selbst schmackhaften Käse
bereiten mit Hilfe der Rezepte
und Tips eines Selbstversorgers

Keith Wicks
Band 51: **Wein keltern**
Viele Rezepte und eine
sorgfältige Anleitung
helfen dem Hobby-Winzer

**Ravensburger Freizeit-Taschenbücher**

**John Seymour** – Autor der Bestseller »Leben auf dem
Lande« und »Selbstversorgung aus dem Garten« –
erläutert in seinem neuesten Buch seine Philosophie
der Selbstversorgung.
Ein Buch, geschrieben für alle Praktiker der
Selbstversorgung, die mehr über das Warum und
Wozu erfahren wollen.

Ravensburger Freizeit-Taschenbuch Band 76

**Otto Maier Verlag Ravensburg**

Ravensburger

# Freizeit-Taschenbücher (Auswahl)

## Kunsthandwerk und Hobby

Band 2 Erlewein: Musikinstrumente zum Selberbauen
Band 4 Cooper: Töpfern
Band 13 Diem: Liebenswerte alte Dinge reinigen, reparieren
Band 14 Eggen: Schnitzen
Band 46 Eisner/Weiss: Basteln mit Zeitungspapier
Band 47 Lagerwall: Silber schmieden
Band 53 Glassman: Arbeiten mit Perlen
Band 52 Wirtl: Hinterglasmalerei
Band 69 Paulson: Zeichnen
Band 70 Schachner: Drucken
Band 72 Wiberg: Modellieren
Band 77 Estlund/Aulén: Bilder aus Stoff
Band 99 van der Plas: Die Reparatur des Fahrrads

## Handarbeiten

Band 5 Schneider: Färben mit Naturfarben
Band 6 Schäpper: Muster und Techniken für Patchwork
Band 8 Schmid-Burleson: Alles über Makramee
Band 21 Znamierowski: Teppiche selbermachen
Band 31 Wildman: Häkeln, Maschen, Muster und Modelle
Band 32 Jones: Sticken
Band 33 Svinicki: Spinnen und Färben
Band 34 Walker-Phillips: Stricken
Band 80 Schmid-Burleson: Das Hängemattenbuch
Band 81 Schneider: Weben – Handwerk und Hobby
Band 98 Melén: Webmuster für Gardinen, Handtücher, Tischwäsche
Band 107 Götz: Erste Erfolge mit Nähten und Säumen
Band 108 Götz/Steinfort: Mit der Nähmaschine basteln und nähen

## Selbst versorgen

Band 48 Schäfer: Brot backen
Band 49 Laing/Hendra: Bier brauen
Band 50 Glynn: Käse machen
Band 51 Wicks: Wein keltern
Band 66 Leeming/Huang Man-hui: Chinesisch kochen kann jeder
Band 67 Leeming: Tafeln und speisen wie die Franzosen
Band 68 Barker: So kochen und genießen die Italiener
Band 83 Ebert: Mit Holz richtig heizen
Band 85 bis 89 Seymour: Selbstversorgung auf dem Lande und aus dem Garten (Band 1 bis 5)
Band 103 Skelsey: Gemüse, Kräuter, Früchte am Fensterbrett züchten